「革命家」の仕事術

母と父に
いかに考え、行動し、抵抗するかを教えてくれたのは、あなたたちだ。

神のように創造せよ。王のように命令せよ。奴隷のように働け。

——ブランクーシ（ルーマニアの彫刻家）

明日の革命家たちへ

クレージーな人たちがいる。反逆者、厄介者と呼ばれる人たち。四角い穴に丸い杭を打ちこむように、ものごとをまるでちがう目で見る人たち。彼らは規則を嫌う。現状を肯定しない。彼らの言葉に心をうたれる人がいる。称讃する人もけなす人もいる。しかし彼らを無視することは誰にもできない。なぜなら彼らは物事を変えたからだ。彼らは人間を前進させた。彼らはクレージーと言われるが、私たちは天才だと思う。世界を変えられると本気で信じている人たちこそが、本当に世界を変えているのだから。

——アップル・コンピュータの広告、一九九七年九月二七日

迷走していた革命的な会社（＝アップル・コンピュータ）に全身全霊を捧げて悪名をはせた人間（＝私）に、革命を成功させるための本など、どうして書けるのか。あなたはそう思っているかもしれない。ごもっともだ。

その疑問に簡単に答えるなら――面《つら》の皮が厚いから。

丁寧に答えるなら――変化に抵抗する勢力と闘って傷を負った人間にしか、この本は書けないから。

ふたつの革命の最前線にいた私には、傷跡がたくさんある。革命のひとつはマッキントッシュ、もうひとつはインターネットだ。だからこそ私は身につけた知識と経験を、次世代の革命家たちに伝えたいと思う。本書は、社会人になったときにあれば、私が読みたかった本だ。

ガリア戦記にならって（ユリウス・カエサルが著したガリア戦記の第一巻には「ガリアは全体で三つの部分に分かれる」とある）、本書は三つの部分に分かれている。


パートⅠ　神のように創造せよ　まず、革命的な商品やサービスを生み出す方法を、三つの章で説明する。ちなみに、章のタイトルはいずれもあることばのアレンジになっている。

「コギタ・ディフェレンテル」は、アップル・コンピュータの宣伝コピー「シンク・ディファレント」（考え方を変えてみよう）のラテン語。

「ドント・ウォリー・ビー・クラッピー」（くよくよするな、ぽんこつでいいのだ）は、ボビー・マクファーリンの歌『ドント・ウォリー・ビー・ハッピー』のもじり。

「チャーン、ベイビー、チャーン」（かき混ぜろ、ベイビー、かき混ぜるんだ）は、ブラック・パンサー党のスローガン「バーン、ベイビー、バーン」からとった。

パートII　王のように命令せよ　革命を成功させるには、誰かが責任を引き受け、タフで思慮深くて戦略的な決定をおこなわなければならない。その決定に必要なのが、バリアを壊し、売上よりもエバンジェリストを生み出すことをめざし、デスマグネット（誰もが犯してしまう愚かなあやまち）を回避することだ。

パートIII　奴隷のように働け　真剣な労働なくして革命の成功はありえない。そこでパートIIIでは、働くうえでもっとも重要な三つの要素を学ぶ——鳥のように食べ、ゾウのように排泄する（眉をしかめないでほしい。読めばかならず納得してもらえるはずだ）。デジタルで考え、アナログで行動する。そして最後に、自分がやらないことは人にも頼まない、だ。

この本を読んで世界をよりよい場所にしてもらえれば、これほどうれしいことはない。われわれの子供たちすべてのために、あなたの創造力と勇気と意欲で世界を変えてほしい。わくわくするだけでじゃなく、革命的にすばらしい人生を！

ガイ・カワサキ

「革命家」の仕事術　目次

Macはぽんこつコンピュータ!?
すぐれた商品の条件
すぐれたチームの条件
すぐれた活動の条件
「ひと桁」テストをする
革命家のための読み物

3 チャーン、ベイビー、チャーン——かき混ぜろ、ベイビー、かき混ぜるんだ

よりよく……もっとよく
問題をいかに想定しておくか
早めに失敗して長生きする
自分の犬のドッグフードを食べてみる
オープンこそ、改善・拡張のカギ
「重複」を組みこむ
すべてを文書化する
その改善は誰のため?
まちがいを隠そうとしない

パートⅡ　王のように命令せよ

パートIII 奴隷のように働け

パート

I

神のように創造せよ

1 コギタ・ディフェレンテル[1]
——考え方を変えてみよう

これまでの人生でいちばん多く聞いたアドバイスは、人口五万人に満たない町でディスカウントストアは成り立たない、だと思う。

——サム・ウォルトン（ウォルマート創業者）

ネズミとサメの戦い

ウォルト・ディズニー社は、一九五五年にディズニーランドを開業し、ショーのあり方や効率性、利益性の標準を打ち立てて以来、つねに先頭に立ってアミューズメント・パークのルールを定めてきた。ディズニーランドができるまでは、大がかりでスリル満点なジェットコースターがないとアミューズメント・パークは成功しないと言われていた。だが、ディズニーランドは「スリル」の代わりに「テーマ」を持ってくることで、定説を覆《くつがえ》した。

その後三〇年間、アミューズメント・パーク業界は、ディズニーのルールにしたがうか、閑古鳥が鳴くかのどちらかだった。誰もがディズニーのルールにしたがったことで、ディズニーはますます優位に立ったのだ。

そこへジェイ・スタインが登場した。

スタインは、ユニバーサル・スタジオを所有するMCAレクリエーションの経営者だった。ユニバーサル・スタジオと言えば、ユニバーサル・スタジオ・ツアーが有名で、いかにも観光客目当てのつまらなさでロサンジェルスっ子をげんなりさせてきた（あの「十戒」の名シーンを再現した、紅海がふたつに割れるところを何度我慢して見たことか……）。

映画製作という本来の業務を再利用しただけのこのツアーは、もともと人々を乗り物に詰めこみ、映画の「舞台裏」を見せ、おりたところでできるだけ土産を買ってもらおうというじつに単純でくだらないものだった。もちろんディズニーの足元にも及ばなかった。

しかしスタインは、ユニバーサル・スタジオ・フロリダの建設にあたって、いままでの考え方を捨てた。「映画の作り方を見てみよう」から、「映画に乗ってみよう」へと方針を変えたのだ。かくして映画『バック・トゥ・ザ・フューチャー』は、バック・トゥ・ザ・フューチャー・ライドになった。デロリアン型のタイムマシンに乗れるところはほかにはない。スタインは「テーマ」と「スリル」を結合させて、ユニバーサルのルールを書き換えることに成功した。

だが、それだけではなかった。

彼は次に、ディズニーが事実上打ち立てた「快適で、やさしく、道徳に反しない」という原則に勝負を挑んだのだ。

ディズニーランドの乗り物でいちばん怖い部類に入る「ホーンテッドマンション」や「カリブの海賊」は芸術の域に達しているが（コンピュータ業界が標榜するマルチメディア商品よりはるかにマルチメディアだ）、それほど危険ではない。*

これに対してスタインは、乗り物を「快適」にせず、むしろ人々を怖がらせるようにした。ユニバーサル・スタジオ・フロリダでは、そこらじゅうに血や内臓が飛び散り、炎があがり、爆発がある。火の玉が熱すぎるという苦情は毎日のことだし、ジョーズ・ライドではサメが船に近づきすぎるため、うっかり手を出すと腕の骨が折れてしまう。それでも、乗りたがる人が、毎日何千人もここを訪れているのだ。

このユニバーサルからの正面攻撃に対して、「みんなが楽しくて安全」という、みずからが作り出した基準やイメージに縛られているディズニーは、手も足も出ない。スタインは「合気道マーケティング」（力に力で対抗するのではなく、相手の力や強みを逆に利用するマーケティング）を用いて、ディズニーの強みを、融通の利かない弱みに変えてしまった。もしディズニーが乗り物をもっとスリリングにしたりすれば、いちばんのお得意客を失い、イメージも損なってしまうだろう。[2]

革命的な思考を生むプロセス

スタインは「革命家」だった――ルールを変えるために、考え方《シンク・ディファレント》を変えたのだ。革命家と呼ばれるには、ルールを変えなければならず、ルールを変えるためには、考え方を変えなければならない。

練習問題

アニメ映画業界のルールを変えたいとき、あなたならどうする?

革命家はふつうの人が思いつかないようなアイデアをどうやって得るのか。

昔から、革命的なアイデアは、ある状況や条件や問題をじっくり時間をかけて考え抜いた結果生まれるといわれてきた。もうちょっと今風にいうならば、飛躍的な洞察やアイデアは、ふ

＊一九九六年、ディズニーランドの経営陣は、「カリブの海賊」の海賊たちが女性たちを追いかけるのは、いちゃつきたいからではなく、彼女らが持っている食べ物の籠が欲しいからだということまで規定した。長く海に出ていると、そうなるらしい。

わふわのソファに坐って、同僚と水鉄砲で遊びながら、いつもとはちがう次元に意識が飛んだときに生まれるらしい。

しかし、じつはどちらの説も古くて、あまり役に立たない。じっくり考えれば革命的なアイデアがひらめくというものではない。まして水鉄砲を撃っても無駄だ。

革命的な思考プロセスには、次のように大きな段階が三つある。

第一段階：取り除く

まずは「取り除く」。つまり、あなたの思考を曇らせ制限している偏見、手順、前提を捨てなければならない。安定と安全を求めるという人間の性質は、人類の進化の証《あかし》かもしれないが、「革命」を起こすためには現状に立ち向かう反抗的精神が必要だ。

古い考えを捨てる

フランシス・ベーコン卿は、人々が古い考え（イドラ）にしがみついていることに苛立ち、それを「種族のイドラ、洞窟のイドラ、市場のイドラ、劇場のイドラ」と呼んで分類した。「種族」とは共同体の集団思考を、「洞窟」とは個人の性質を、「市場」とは社会的相互作用の結果を、「劇場」とは個人の知能の見せびらかしを指す。[3]

イドラが生まれるのには、それなりの理由がある。私たちはさまざまな経験を積んで、悲惨で愚かなまちがいをうまく避ける方法を見つけていくが、いざ成功すると、その体験から習慣やルールを生み出し、それにしたがうようになる。市場は時がたつにつれて変化し、そのルールが最適ではなくなるばかりか、当てはまらなくなってしまうことすらあるというのに（もっとも、頭の鈍い人は、そもそもルールを作れないかもしれないが）。

あなたやあなたの会社、あるいは業界に影響を与えているイドラは何だろう？　例として、愚かだが広く受け入れられているビジネスの慣行をあげてみよう。

●**流通のイドラ**　「われわれは販売業者をつうじて販売する。顧客に直接は売らない」

●**従業員のイドラ**　「従業員は信頼できない。生産性を監視して、たるんでいたら厳しく責めなければならない」

●**市場シェアのイドラ**　「利益は市場シェアが広いほど多くなるから、値段を下げてシェアを獲得しよう」

●**敵のイドラ**　「競合するX社に協力はできない」

ゼロベース予算というのがある。すべての経費を一ドル単位で検証するプロセスを指すものだが、これにならって、あなたもゼロベースのイドラ検証をしてみよう。あらゆるビジネスの慣行を見直して、必要でないものは捨てるのだ。捨てすぎということはない。思いきってやろう！

練習問題

あなたの会社が信じているイドラを箇条書きにして、それぞれ次の質問をしてみよう。

- なぜそれが始まったのか。
- いまも通用するか。
- 将来も通用するか。（これがいちばん大切）

日本の新幹線が生まれた経緯を見ると、イドラを分析して捨てたことがわかる。当時の課題は、都市間の移動時間を大幅に短縮する交通システムを作ることだった。それまでの列車の設計者は、次のようなイドラに縛られていた。

古いイドラ	新しい考え方
動力つきの一車両が列車を牽引する	全車両に動力をつける

速度を上げるために大きなエンジンが必要	各車両のエンジンを合わせて大きな動力を生み出す
線路は敷設地の地形にしたがう	目的に合わせて敷設地を成形する

新幹線の設計者はイドラに縛られなかった。だから列車に対する考え方は大きく変わった。全車両に電動のエンジンがつき、線路はたとえ山を削ることになってもまっすぐ敷かれた。その結果、ルール破りの新幹線は大阪・東京間を六二時間から三時間一〇分へと大幅短縮したのだった。[4]

枠組みを変える

あなたをどんなふうに愛しているのでしょう？　ひとつずつあげてみます。
——エリザベス・バレット・ブラウニング（イギリスの詩人）

もし彼女の質問が「私のことどう思う？」だったら、答えはどうなるだろう。質問のしかたによって答えは制限されるのか。マサチューセッツ工科大学（ＭＩＴ）の研究者、マッシモ・

ピアテッリ＝パルマリーニによると、「ある程度明快に示された問題の構造を自然に変えることは、かなりむずかしい」[5]。

ピアテッリ＝パルマリーニは、これを「枠組み効果」と呼ぶ。人は問題を提示されたままのかたちで解こうとする。たとえば、次の質問の枠組み効果を考えてみよう――「うちの本屋で売上を増やすにはどうすればいい？」。この問いに隠れている重要な「枠組み」は、「顧客がこの本屋を実際に訪れなければならない」ということだ。

こんなとき革命家なら、提示されたままのかたちで問題を解決する代わりに、次のように思考する。

- 実現可能な最大のコンテクストで問題をとらえる。
- 目標（売上を伸ばす）から始めて、逆向きに考える[6]（このテクニックについては、次の「第二段階」の項でくわしく論じる）。
- 「当然の答え」の逆を行く。

アマゾン・ドットコムは、書店には物理的な店舗が必要という枠組みを受け入れないことで、本を売るときのルールそのものを変えた。同社は店舗を持たず、一九九八年までたった一社で

「インターネット商取引」を牽引しつづけ、ウェブ上で二五〇万冊のタイトルを検索、もしくは注文できるようにした。

枠組みの中	枠組みの外
物理的な存在	サイバー的存在
より大きな店、より多くの本、より多くの売上	店舗なし、より多くの本、より多くの売上
立ち読み、カバーの宣伝文句、自分で決定	買った人や著者が投稿したレビューを読む
在庫がなければ取り寄せに四〜八週間	ほぼあらゆる注文について三〜五日で配達
本を手に取ることによる衝動買い	サイトでの説明やレビューから衝動買い
関連テーマについて、本棚で十数冊の本を確認	関連本についてコンピュータで何百万冊のなかから検索

興味深いことに、アマゾン・ドットコムは「価格で競争する」という従来の枠組みはあえて受け入れ、やらなくてもいいのに割引をしている。小さな出版社の古い本を見つけられるうえに割引で買えるのは、一消費者としては幸せだが、アマゾン・ドットコムとしては、反射的に

価格競争に乗り出すのではなく、ほかの書店とのちがいをしっかりと確立すべきではないだろうか。

第二段階：つつく

革命的な思考プロセスの第二段階は「つつく」だ。これは、かならず新しい解決策や行動方針に結びつくような方法で課題に取り組むことを指す。

「無力感」を探す

アマゾン・ドットコムは強力に「つついた」。まず、無力感、苛立ち、不便、苦痛といった感情を引き起こすもの、要するに、腹立たしいものを探した。従来の書店で腹立たしかったのは、ベストセラー以外の本はほとんど置かず、在庫にないものを取り寄せるのに四～八週間もかかることだった。これこそ無力感、苛立ち、苦痛である（少し大げさかもしれないが）。アマゾンはそこを解決したのだ。

「形態」と「機能」を切り離す[7]

湾岸戦争後に病気になったオマーンの皇太后は、ワシントンDCのウォルター・リード陸軍病院で治療を受けた。アメリカとしてもオマーンは同盟国だから、このセレブな患者に最高の医療をほどこし、退院後も、残る治療のために遠隔医療システムが開発された。そのおかげで、オマーンのロイヤル病院とウォルター・リード陸軍病院は通信でつながり、デジタル画像を含む医療情報が電子的にやりとりできるようになった。

つまり、両方の病院に置かれたコンピュータとデジタルカメラによって、陸軍病院の医師は必要なだけオマーンの患者を「診《み》る」ことができるようになったのだ。国をまたいだ遠隔医療は初めての試みだったが、これを機にほかの軍病院にも人道支援活動が広がっていった。

医療の「形態」は、医師と患者の対面でのやりとりである。これに対して、医療の「機能」は、観察と診断だ。通常の医療施設では形態と機能が共存しており、医師が患者と直接会って、医療の機能を果たす。

だが形態と機能を切り離したときに、革命の萌芽が生まれる。この例もそうだ。観察と診断という「機能」は変わらないが、「形態」は対面でのやりとりからコンピュータと高速通信ネットワークによる遠隔操作へと取って代わった。

目標から始めて、逆向きに考える

ソフトウェア企業は、莫大な利益を目標にしている。その実現を妨げる要素があまりにも多いので、あるガレージ起業家のふたり（男女の組み合わせはご自由に）が、生き残るためにゲームのルールを変えることにしたとしよう。

そういうときに便利な方法が、「最終地点から始めて、逆向きに考える」だ。つまり、顧客のほうから逆のぼって考えるのだ。すると、ソフトウェア企業の利ざやを小さくしている原因が浮かび上がってくる。

次のうち本当に必要なのは、どれだろうか？

- ●小売店や通販会社への割引
- ●宣伝協力
- ●CD－ROMなどの販売メディア
- ●梱包作業、マニュアル制作
- ●二度の配送（まず流通業者、それから店舗まで）
- ●オフィス賃貸

スター・ゲームズは、最終地点から逆向きに考えたネット上のバーチャル企業だ。

最初の商品は、『パシフィック・タイド』という、第二次世界大戦の太平洋での戦いをテーマにしたシミュレーションゲームだった。ネットからダウンロードするかたちで売られるので、小売店や通販会社への割引は必要ないし、宣伝協力費もかからない。CDも不要だからメディア代もかからないし、配送しないから梱包もいらない。マニュアルもデータファイルなので、顧客がダウンロードして自分のコンピュータ画面で読むか、印刷すればいい。

社長のマーティン・フェイバリットは、一九九五年にネット上で社員を募って会社を創設した。一九九七年の時点で社員は一五人だが、彼が顔を合わせたことがあるのは、そのうちふたりだけだ。ほとんどの社員は自宅で働いている。つまり、オフィスの賃貸料が安い。

また、第二次世界大戦のシミュレーションゲームを製作するとなると、綿密な調査が必要だが、スター・ゲームズは、ネットでいくつかの国の公文書を検索したり、現地の友人を作って代わりに調べてもらったりといった方法をとった。報酬は完成したゲームそのもの、つまり無料でのファイルのダウンロードだった。

同社はマーケティングに関しても、ゲーム専門サイトからリンクをはったり、ネットで提供されるメーリングリストや掲示板を使ったり、ほかのサイトと広告バナースペースを交換し合ったりして費用を抑えている。

問題を小分けにする[8]

問題が大きく複雑すぎて、どこから手をつければいいのかわからないことがある（とりわけ「革命」を達成したいときには）。そんなときは、その問題を小さな部分に細かく分け、重要な問題から取りかかるとよい。

たとえば、「空を飛ぶ」という課題。その壮大さを思うだけで、あまたの革命家候補が挫折したであろうなかで、ライト兄弟がすぐれていたのは、まず課題を三つに分けた点だった。

- 翼の作成
- 動力を生み出して伝えること
- 飛行中のバランスと制御

最初のふたつについては、一九〇一年の時点でほかの発明家も解決していた。飛行機とエンジンと操縦士の重さを支えられる翼の作り方はわかっていたし、飛行に必要な馬力をもちながら軽いエンジンの設計もできていた。

ライト兄弟がほかの発明家とちがったのは、空中に「飛び出す」だけでなく、「とどまる」ためにはどうすればいいかに集中したところだ。まわりの人々はあいかわらず翼やエンジンをいじっていたが、ライト兄弟は離陸したあと不安定になる飛行機には時間も金も浪費しなかった。本当に重要なのは、バランスと制御だったのだ。

理論上では、バランスと制御の問題はごく単純だ。重心を圧力の中心と一致させればすむ。だが、実際にはかなりむずかしい。風と飛行機の動きによって、圧力の中心がつねに変わるからだ。これに対してライト兄弟は、じつにシンプルな解決策を見出した。「練習こそが飛行成功の秘訣である」[9]。だから何時間も練習して、飛行機を飛ばす技術を身につけた。飛行機そのものを作る技術だけでは足りなかったというわけだ。[10]

ライト兄弟の勝利からは、三つの重要な教訓が得られる。

- 大きな問題を小さな問題に分ける。
- 未解決の小さな問題に集中する。
- 解決ずみの問題をいじることに時間とエネルギーを浪費しない。

自然をまねる

ライト兄弟だけではない。彼らが登場するはるか昔から空を飛んでいたチョウにも、私たちは学ぶことがある。すなわち「母なる自然をまねよ」。

タフツ大学工学部の部長ヨアニス・ミアウリスは、チョウの羽を研究している。あまり聞いたことがないと思うが、チョウの羽は、空気の薄い層と、キチンという物質からなる層が何層も交互に重なってできている（キチンはエビやカニ、大多数の昆虫の外殻で知られる、タンパク質類似の硬い物質）。そういう構造（エアポケットと硬い物質の積み重ね）だと熱の吸収が均等にならないのではないか、と考える人もいるかもしれないが、ミアウリスは、チョウの羽には過度に熱を帯びた「ホットスポット」がどこにもないことを発見した。[11]

そのころ、半導体業界はコンピュータのチップからホットスポットをいかになくすかという課題に取り組んでいた。熱の分布にばらつきがあると、チップの性能に影響するからだ。そのため業界の専門家は、表面がなめらかで均一な厚さのチップを作ろうとしていたが、ミアウリスの研究がそれを変えた。母なる自然をまねて不均一な表面を作れば、ホットスポットがなくなる可能性があるとわかったのだ。

自然は、数十億年にわたって現実的な解決策を作り上げてきた研究開発施設だ。自然をまねることには、いまや「バイオミミクリー（生物模倣）」という呼び名までついている。

バイオミミクリーは、たとえば次のような疑問に答えようとしている。

●チンパンジーは、葉を食べることでどのように病気を治しているか。

●クモは、人間が作るどんな繊維より強く軽く柔軟な糸を、どうやって生み出しているか。

●ムラサキイガイは、人間が作るどんな接着剤を使っても剥がれてしまうような風のなかで、どうして岩にくっついていられるのか。

「境界」に働きかける

真に重要なことは、ひとつの表面や物質がほかのものにつながったり、変わったりする地点、いわゆる「境界」で発生する。何かのまんなかや、同じものが続いているところではアクションは生じない[12]ものだ。

これは革命家にとってもおおいに参考になる原則だろう。たとえば、マッキントッシュの本質は、人とコンピュータの境界（両者のやりとり）にある。マッキントッシュは、人がやりたいことと、それをコンピュータにやらせることを結びつけるのがとてもうまかった。

したがって、ルールを変えたいときも、次のような「境界」に注目してみることだ。

●**人と機械とのやりとり**　マッキントッシュのように、機械と人間とのやりとりを改善する方法はほかにいくらでも見つけられるだろう。

●**人と人とのやりとり**　人と人とのやりとりが変わった例として、Ｅメール、オンライン・チャット、ビデオ会議などがあげられる。

●会社と人　デパートのノードストロームは、そのきめ細やかさで有名な顧客サービスによって、人々がものを買うときのルールと期待を一変させた。

●会社と会社　デルの部品製造業者は、本体の製造部門と同じ建物に入っている。これはまさに会社間のジャストインタイム方式だ。

第三段階：沈澱させる

この最後の段階で「沈澱」ということばを使ったのは、昔の化学の授業を思い出したからだ。あるとき、硝酸銀溶液と塩化ナトリウム溶液を混ぜる実験をおこなった。すると見よ、ともに液体だったものから固体の沈澱物（塩化銀）が生じた。

$$AgNO_3 + NaCl \rightarrow AgCl + Na^+ + NO_3^-$$

これは私にとって驚きの体験だった。ふたつの液体からひとつの固体とは！*

発想を変えれば《シンク・ディファレント》、これと似たような魔法の瞬間が訪れる。突然、どこからともなく（もちろん、裏でどれだけ苦労したかはわかっているが）、「形あるもの」が現れるのだ。

偉大な思考の沈澱物をいくつかあげてみよう。

●**物理的成果**　ディーン・ジュニア・カレッジは、学びたくても授業に出る時間がない人のために、ボストン行きの通勤列車のなかで講義をおこなうサービスを始めた。授業は固定の場所でおこなうものというルールを破ったのだ。生徒は通勤中に講義を受け、週末に大学に行って試験を受けた。[13]

●**時間的成果**　自動車事故が起きると、保険金の請求者は、修理工場の見積もりや査定員の評価、事務処理がすむまで待たされることが多い。そこでボストンの保険会社プリマス・ロックは、新たに「クラッシュ・バスター」という要員を設けて、このプロセスを改めた。査定員であるクラッシュ・バスターたちは、コンピュータ、モデム、携帯電話、プリンタ、回転椅子などオフィスさながらの機能を備えたワゴン車で事故現場にかけつける。そしてその場で必要な修理費の見積もりをすべておこない、顧客に保険金の支払小切手を切ってくれる。[14]

練習問題
あなたが自動車事故を起こしたとき、保険金が支払われるまでにどのくらい時間がかか

＊昔から「溶液《ソリューション》の一部でないなら、沈澱物の一部」と言うではないか。いや、「解決策《ソリューション》の一部でないなら、問題の一部」だったか。

ったろう。

●**地理的成果**　チャーリー・ケース・タイヤ社は車の修理工場を経営している。従来のルールでは、ほとんどの修理工場は住宅地かオフィス街の近くにあるが、ここはちがう――フェニックス空港にあるのだ。なぜか？　ここなら車のオーナーが旅行しているあいだに、タイヤやオイルの交換ができるからだ。空港ターミナルまでの送迎つきだから車が使えなくても心配いらないし、送迎を自分で手配する必要もない。おまけに駐車料金は一日わずか三・七五ドルだ。

●**業界の伝統**　大半のバンドはコンサートでの録音を禁じている。海賊版が裏市場で出まわるとバンドのCDやダウンロードの売上が落ちる、とほとんどの業界人が信じているからだ。だが、ロックバンドのグレイトフル・デッドはこのルールにしたがわなかった。彼らはファンが録音しやすいように、コンサート会場に一定の場所を設けることまでした。結局、そうした録音がグレイトフル・デッドに関するクチコミを広げ、コンサートの動員数を増やし、曲の売上を伸ばした。それだけでなく、このたったひとつのシンプルな変化で、ファンとのつながりも強まった。[15]

●**顧客の要望**　ほとんどの航空会社、少なくとも航空会社が提供するほとんどのエコノミークラスでは、次のルールが守られている――機内に乗客をできるだけ詰めこみ、機内食をケチって利益をあげること。ところがミッドウェスト・エクスプレス航空は、これとは対照的に、乗客全員をファーストクラスの客のように扱い、リピーターを増やすことが利益をあげるカギだと信じていた。[16] ミッドウェストの機内は、たいていの飛行機のように各列五席ではなく、四席だった（エコノミーもファーストもなく、機内全体が同じ仕様）。機内食は新鮮で手がこんでいて、ワインつき。本物の陶器と、リネンのナプキンが使われた。

●**交戦規則**　ライバル同士の競争には通常、暗黙の（たいていは説明できない）交戦規則がある。たとえば一九九五年、ノース・カロライナ州シャーロットで、WBTVとWSOCというふたつのテレビ局が視聴率を上げるために宝くじを実施した。視聴者は自分のくじの番号が当たっているかを確かめるためにその局の番組を見るという仕組みだったが、ほどなくどちらの局も従来の勝利の法則にのっとり、相手より高額の賞金を出して勝ち抜けようとした。そこで登場したのが、三番目の局であるWCNCだった。同局は、賞金を出す代わりに（まったくお金をかけずに）、ふたつの局の当選番号を放送して、八三パーセントの視聴率アップを果たした。[17]

●**商品の定義**[18]　ブラジルの健康保険会社アミルは、急成長をとげている。そのおもな理由は、商品を定義する（または、制限する）ルールを破ったからだ。同社では自前の薬局チェーンを展開し、二四時間体制の医師相談サービス[19]や、月額二ドルで緊急時にヘリコプターで病院に運んでもらえるプランを提供している。また、正しい医療行為を子供に教えるクラブ、ビジネスマンのための無料講演会（ピーター・ドラッカーのような講演者が話す）なども運営している。

運をつかむ（降ってわいたような幸運は、じつは降ってわいたのではない）

革命的なアイデアの多くはただの幸運から生まれる。それは認めよう。運がよければ、「取り除く」、「つつく」、「沈澱させる」のプロセスをとばして、いきなりアイデアに到達することもある。発明や革命はつねにきちんとした問題解決の成果だと信じたいけれど、いかんせんそれは事実ではない。ただし、あなたの運を「向上させる」方法はいくつかある。

純粋さを大切に

純粋さには力がある。そのことを示す話をひとつ。もしかすると事実とは異なるかもしれないが、せっかくのいい話だから、あえて確認はしないでおく。

一九三〇年代、ゼネラル・エレクトリック（GE）の白熱電球担当の部長は、新人のエンジニアが入ってくると、「最新型の電球からちらつきをなくすコーティングを開発せよ」という仕事を与えてからかっていた。

このジョークの結末は、ちらつきのない電球なんてできませんというものだった。新人エンジニアは次々とその仕事に挑戦しては敗れ、彼らが失敗を認めて、できませんと言うたびに、職場には笑いが広がった。

ほほえましい通過儀礼だ。しかし一九五二年、ひとりの新人エンジニアが持参した電球をソケットにはめた。そしてスイッチを入れ、これでいいですかと部長に訊いた。部長はその「ありえない」電球を見て、「ああ、そうだ、これでいい」と答えたという。[20]

発想を変えればこうなる——その問題についてまったく考えたことがないか、それが不可能だと「わかって」いない人を見つけよう。

予想外の結果を見逃さない

何かを開発したところ、予想外の結果《アントルマニュール》が出て、当初望んでいたものより価値が高くなることがある。[21] テフロンがいい例だ。テフロンというと、いまでは誰もが鍋やフライパンのこびりつかない加工を連想するが、一九三八年にこれを発見したデュポン社の科学者は、料理を楽にしようと思ったわけではなかった。

彼の名前はロイ・プランケット。他社の特許を侵害しない、新しいタイプのフレオン（冷却剤に使われる化学物質）を開発するプロジェクトにたずさわっていた。もちろん鍋やフライパンのための化合物を作るつもりはなかった。

だが、その研究開発の過程で新しい物質（テフロン）を見つけたとき、彼は正しい行動をとった――望んでいたものではない、と無視したりせず、結果に興味を持ち、さらに化学的試験を重ねたのだ。そして、この謎の物質がどの基本試薬とも反応しないのを確かめると、重合（同じ分子が長くつながった巨大分子）が生じているという結論を出した。

そしてデュポンの中央研究所は、その新素材が非常になめらかで化学的に不活性であることを確認した。やがて第二次世界大戦が勃発し、プランケットの新素材が後押しされることになる。原子爆弾のウランの放射性同位元素の製造工程に用いられ、近距離爆弾のノーズコーンにも取り入れられたのだ。

デュポンが一般商品にも使えるほど安くテフロンを作れるようになったのは、戦後十年以上たってからのことだ。[22]

テフロンの発見と利用からは、三つの教訓が得られる。

- 予想外の結果に興味を持つ。
- 一見役に立たない研究や発見を歓迎する企業文化を作り出す。

●ひとつの発見にこだわれば、それがやがて重要な商品になることがある。

潜在能力を活用する[23]

ここで言う「潜在能力《レイテント・ポテンシャル》」とは、ハーバード大学の生物学者スティーブン・ジェイ・グールドが提唱したものだ。グールドは、動物の構造のいくつかは、ある目的に役立つと同時に、じつはほかの目的にも使える潜在能力を持っていると主張し、このコンセプトを「翼の五パーセント問題」として説明した。つまり、完全な翼は「飛ぶ」ためのすばらしい適応形質だが、その翼のうちの五パーセントはほかのことにも役立つのではないか、というのだ。

答えはこうだ。「翼の五パーセント（たとえば、一列分の羽根）は、飛ぶには役立たないが、熱を蓄える役割は充分果たしている」。ここから、飛ぶための翼の前身は、体温調節のための羽根の集まりだったかもしれないと推測される。言い換えれば、初期の翼は蓄熱機能と飛行の潜在能力を持っていたことになる。

先史時代の鳥が、発想を変えること、革命を進めること、幸運をつかむことと関係があるのかって？　おおいにある。要するに、どんな可能性も排除せず、自分の製品やサービスのまだ見えない機能を探れということだ。

たとえば、車のシガーライター。もともとの目的は、ドライバーと同乗者の緩慢な自殺（つ

車内で使えるウィスラー社のミキサー

まり喫煙）を助けることだった。車の設計者は、それが携帯電話やレーダー探知機の電源として幅広く使われることなど予想だにしていなかっただろう。ウィスラーはさらに、シガーライターを電源とした扇風機、メガホン、コーヒーメーカー、ミキサー、ドライヤーなども作り出した。最近では多くの自動車メーカーがシガーライターの接続部品を提供して、煙草に火をつけるだけでなく、車のなかでさまざまな家庭用品を使えるように工夫している。

たんなる幸運や偶然から、思いがけない潜在能力が明らかになることは多い。そんなときこそ、ルールを変える絶好のチャンスなのだ。

革命家のための読み物＊

● *Biomimicry – Innovation Inspired by Nature*, Janna M. Benyus, William Morrow, 1997, ISBN: 0688136915

- *Decision Traps – Ten Barriers to Brilliant Decision-Making and How to Overcome Them*, J. Edward Russo and Paul J. H. Schoemaker, Fireside, 1990, ISBN: 0671726099
- *Extraordinary Popular Delusions and the Madness of Crowds*, Charles MacKay, Crown Publishers, 1995, ISBN: 051788433X　チャールズ・マッケイ『狂気とバブル』（パンローリング）
- *If You Want to Write – A Book About Art, Independence and Spirit*, Brenda Ueland, Graywolf Press, 1997, ISBN: 1555972608　ブレンダ・ウェランド『本当の自分を見つける文章術』（アトリエＨＢ）
- *The Quark and the Jaguar – Adventures in the Simple and the Complex*, Murray Gell-Mann, W. H. Freeman, 1994, ISBN: 0716725819　マレイ・ゲルマン『クォークとジャガー』（草思社）
- *The Structure of Scientific Revolutions*, Thomas S. Kuhn, University of Chicago Press, 1996, ISBN: 0226458083　トマス・クーン『科学革命の構造』（みすず書房）
- *Uncommon Genius – How Great Ideas Are Born*, Denise G. Shekerjian, Penguin USA, 1991, ISBN: 0140109862

＊各章の最後に、革命家にとって「お薦め」ではなく「必須」の読み物をあげておく。タイトルのアルファベット順に並べ、もっとも新しい版（できればペーパーバック）の発売年とＩＳＢＮをつけた。すべて読者が買うときにもっとも便利であるように。

2 ドント・ウォリー・ビー・クラッピー
——くよくよするな、ぽんこつでいいのだ

完全な計画を乱暴に実行するより、不完全な計画を乱暴に実行するほうが大きな進歩が得られる。
——ヒューバート・ハンフリー（第38代アメリカ大統領）

Macはぽんこつコンピュータ!?

一九八四年一月、私はぽんこつ《クラッピー》商品の発売にたずさわった。RAMはたったの128K、ハードディスクはついておらず（アプリケーションソフトもなかったから別にかまわないが）、モデムも、拡張スロットも、カラーディスプレイもなし。高品質プリンタも、マニュアルも、購入ずみの顧客ベースも、開発ツールも、ないないづくしだった。その商品とは、もちろん初代マッキントッシュである。

私たち（アップル・コンピュータのマッキントッシュ部門）は、マッキントッシュが「完

成」するまで待つこともできた。しかし、待てば発売がさらに一年遅れるし、マッキントッシュが死んでしまうことも考えられた。社員はすでに燃え尽きていたし、アプリケーションを作ってくれるソフトウェア開発者も、マッキントッシュはもう発売されないのではないかと疑いはじめるだろう。加えて、コンピュータ市場を知る人間は一年で入れ替わってしまう。

ボビー・マクファーリンの名曲「ドント・ウォリー・ビー・ハッピー」ではないが、ビジネスでは「ドント・ウォリー・ビー・クラッピー（くよくよするな、ぽんこつでいいのだ）」で、いい。不完全な商品を市場に出すべきときがある。それで逃げきりたい（または、そんなことができる）と思っているわけではなく、そうするのが正しいからだ。

革命的な商品は発売が早すぎるからといって失敗したりしない。失敗するとしたら、それは迅速に改良できなかったときだ（改良のプロセスについては次章でくわしく述べる）。率直かつ謙虚に見れば、たいていの商品は、初めて市場投入されたときにはぽんこつだ（とりわけ、後知恵で見ると）。

あとになって画期的な商品の最初のバージョンを見ると、「どうしてあの重要な機能を入れていないのだろう。当時でも搭載できた技術なのに」と思うことは数知れない。しかし、初めて見たときには誰もが虜《とりこ》になり、その機能に感動するあまり、欠点にはほとんど気づかない。

というわけで、「ドント・ウォリー・ビー・クラッピー」を実践するために必要な、すぐれた商品、すぐれたチーム、そしてすぐれた活動の条件について説明しよう。

すぐれた商品*の条件

私は一九九〇年に初めての本 *The Macintosh Way* を上梓した。いま読むと荒削りで恥ずかしい。この種の恥ずかしさから、萎縮して商品を世に出せなくなる人も多い。だが、幸いにして当時の私は自分の本を荒削りだとは思わなかった。三万部も売れたから。まさに、「ドント・ウォリー・ビー・ハッピー」だ。

この本では、すぐれた商品を言い表す「ＤＩＣＥ」ということばを発明した。ＤＩＣＥとは、深い《ディープ》、夢中にさせる《インダルジング》、完全《コンプリート》、エレガントの頭文字だ。七年たったいま、バージョン２・０として、これにもうひとつＥを加えたい——感情に訴える《エボカティブ》、だ。これで略語は「ＤＩＣＥＥ」になった。

深い

すぐれた商品は「深い」。買ったときには気づいていなかった使いみちを満たす特徴や機能をそなえている。深い商品は、しばらく使ったあとで、こういう機能があればいいのにと思ったとき、すでにそれがそなわっているものだ。

深い商品はあなたといっしょに成長するから、すぐにほかの商品に乗り換える必要がない。賢い消費者は、最初は深すぎると感じても、使い慣れて自分が成長することを見越した商品を買う。

私が好きな深い商品の例は、ブライトリング・エアロスペースと呼ばれる腕時計だ。一見、針と数字のついたただの時計だが、アナログの針とデジタルとで時刻を表示し、時差のある地域の時刻をふたつ以上知らせ、飛行機の残りの飛行時間を計算し、ジョギングしている時間も計測してくれる。** 使いこむうちに深さがわかってくるのだ。

夢中にさせる

すぐれた商品は人を夢中にさせる。それは、最低限必要な機能を超えるものであり、それゆえに最低限払おうと思っていた費用より多くを払ってしまうものだ。ブライトリング・エアロスペースのすべての機能がなければ、私は死んでしまう？　そんなことはない。けれども、こ

＊私はよく「商品」ということばで商品とサービスの両方を表す。

＊＊とはいえ、ブライトリング・エアロスペースには、いつ使うのかわからない機能もある。竜頭を押すと四つの異なる音で現在時刻を知らせるというのもそのひとつ。洞窟探検中に出られなくなり、手首をまわしても蛍光板が読めず、しかしもう一方の手で竜頭を押せた場合には、この機能で時刻を知ってから死ねるだろう。

の時計を持っていると充実して幸せな気持ちになるし、かっこいいとも思う。要するに、夢中なのだ。

　バング＆オルフセンのベオサウンド９０００も、人を夢中にさせる商品だ。これは、ＣＤを六連奏できるプレーヤーとＡＭ／ＦＭラジオがついたミュージックステーションで、電動開閉式の強化ガラスの向こうにＣＤが一列に並ぶ。

　プレーヤーは縦にも横にも置ける。斜めや上に向けてもかまわない。コントロールパネルは磁石でくっついていて、これも角度を調節できる。システムには好きなラジオ局と、好みの曲をＣＤ二〇〇枚までプログラムすることができる。

　さらに、一二文字分の大きなＬＥＤディスプレイ（「ヘッドライト」つき）が、演奏中の曲の番号とタイトル、残りの演奏時間を表示する。ディスプレイパネルも読みやすい角度に変えられる。まわっていたＣＤが止まると「オートポジショニング」機能が働いて、入れたときの位置に戻り、ふたたびＣＤの盤面に描かれた文字やグラフィックスを眺めることができる。

　もちろん、高価だからといって人を夢中にさせるとはかぎらない。高級品でも魅力に欠ける（くだらないだけの）ものはいくらでもあるし、すごく安いのに驚くほど魅力的な商品もある。たとえば、ウェアハウザー社のレーザープリンタ用紙ファースト・チョイス。そのなめらかで美しい仕上がりと白さは、人を夢中にさせる。[1] また東京には、二〇ドルの散髪に五人のスタッフが出てきて、上半身全体のマッサージと眉毛の手入れ、温水によるシャンプーが数回つき、最後にはプレゼントがもらえる理髪店があるという。[2]

完全

完全な商品には、喜びの要素がすべてそなわっている。「完全」と「深い」を混同してはいけない。ブライトリング・エアロスペースは「深い」商品だが、そのサービスが貧弱なら「完全」とは言えない（実際にはサービスもすばらしいので、ブライトリングは深くて完全だ）。「深い」は商品そのもの、「完全」はマニュアルやサービスや顧客サポートを指す。

マサチューセッツ州ウォータータウンにあるダイレクトタイヤ・セールス社は、「完全」なサービスの好例だ。この会社は、買ったタイヤが使えなくなるまで何度でも調整とパンク修理をしてくれる。車を修理に出しても心配無用。顧客のための代車を一四台用意しているからだ。もし代車がすべて出払っているか、顧客からの要望があれば、工場まで往復するための車も手配してくれる。待たされる顧客はその間きれいなラウンジに案内され、雑誌、淹れたてのコーヒー、本物のクリーム、ドーナツでくつろげる。そのうえ、低料金で顧客の冬のタイヤを保管してくれて、年に二回、無料でタイヤの交換と調節をしてくれるという念の入れようだ。

深くてエレガントな
ブライトリング・エアロスペース

エレガント

深い商品の短所は、機能がありすぎることだ。だから、デザインがエレガントでなければ使い方がわからなくなり、恨みすら買ったりする。その点、ブライトリング・エアロスペースは竜頭《りゅうず》ひとつですべての機能にアクセスできる。よくあるデジタル腕時計のように、ボタンだらけではないのだ。

このように、すぐれた商品はエレガンスと深みとを結びつける。だが、エレガンスは通常、見る者の目のなかにあるものだから、DICEEのなかでいちばん説明も実現もむずかしい。エレガントな商品は次の原則にしたがっている。

●**美しさを重んじる**　エレガントな商品を見れば、外観に気を配っていることがすぐわかる。製作者のプライドがうかがえるなめらかさや輝きがある。エレガントな商品はたんに機能が充実しているだけでなく、美しいのだ。

●**形態が機能にしたがう**　エレガントな商品は、形態が機能にしたがう。これと反対の例をふたつ。その一、シボレー・モンザのスパークプラグを二本取り替えるためには、エンジンをはずさなければならない。その二、ワイアード誌を読むには、あのページデザインを喜ぶマゾヒストでなければならない。どちらの場合も、形態が機能と衝突している。

●**材料を誠実に使う**　エレガントな商品は材料を論理的に、自然に使う。主張するためや、感受性を刺激するためには用いない。たとえば、チーク材でコンピュータを作ることは木の不誠実な使い方だ。

●**素直にすばやく操作できる**　エレガントな商品はユーザーを制御せず、ユーザーに制御される。操作は抽象的ではなく具体的。制御の主体は商品ではなくユーザーだ。

●**つねにフィードバックを与える**　エレガントな商品は、いま起きていることをユーザーに絶えず知らせる。プロセスは進行中か？　障害物にぶつかったのか？　おかげでユーザーはいまの状況を「推測」する必要がない。

●**許容範囲が広い**　エレガントな商品はあやまちを許す。にっちもさっちもいかない状況、後戻りできない状況を作らない。このいちばんの例は、多くのソフトウェア製品にそなわっているる「アンドゥ（元に戻す）」コマンドだ。

練習問題

社外からの電話を別の内線に転送してみよう。使い勝手は？

感情に訴える

最後は、「すぐれた商品は強い感情を引き起こす」だ。大好きになるか大嫌いになるかで、中間はほとんどない。すぐれた商品は次のふたつの意味で感情に訴えるのだ。

- **生活を豊かにする**　すぐれた商品を手にした人はクリエイティブになり、生産性が高まり、幸せを感じる。こうして、すぐれた製品やサービスと人々のあいだに感情的な結びつきができる。
- **ある人々の安心感をぐらつかせる**　革新的な製品やサービスは、現状維持を望む人々の考え方を動揺させる。気が小さい人は動揺が大嫌いだ。

嫌われれば成功というわけではないし、嫌われるように製品やサービスを設計しろということでもない。万人に好かれるより、誰かにものすごく愛されるものを作るべきだと言いたいのだ。誓ってもいいが、もしそういう商品ができたら、嫌う人も出てくるものの、愛する人の熱心さがそれを打ち消してあまりある結果をもたらす。

少々脱線した。ここでは、とにかくDICEという略語を憶えていただきたい。深い《ディープ》、夢中にさせる《インダルジング》、完全《コンプリート》、エレガント、感情に訴える《エボカティブ》、だ。

すぐれたチームの条件

一生に一度でいいから、あなたにもアップル・コンピュータのマッキントッシュ部門のようなチームで働いてもらいたいと思う。あそこはおそらく、シリコンバレーでもっとも自己中心的な人間の集まりだった。シリコンバレー自体が自己中心的な人間だらけということを考えると、おそろしいことだ。しかしまた、コンピュータを永遠に変える革命を起こしたすばらしいチームだった。

そこで働いて学んだ、すぐれたチームの特徴を次にあげよう。

強いリーダー

正しい権力者は、自分がしていることを理解していて、それをチームに伝え、チームが自分の行動とアイデアに価値を加えることを期待する。[3]

すぐれたリーダーには矛盾する面がある。彼らはチームを導くというより、むしろ触媒として働く。チーム全体を見渡すビジョンを持ちつつも、それを独裁者のように実現することはない。また、あらかじめ計画した目標だけでなく、あらゆる結果に目を光らせている。偶然こそ偉大なイノベーターだからだ。

一方、会社の他部門や異なる業界と交渉するとき、すぐれたリーダーは意志の強い自己中心的な人間に変わる。強くならざるをえないからだ。大勢の人が彼らをつぶそうとする。その第一は、「革命的」ではなく「進歩的」な商品を求める社内の他部門。第二は、できるわけがないと考える専門家。第三は、たとえできたとしても誰も買わないと思いこんでいる臆病者だ。

要するに、革命的なリーダーは、自分をどう見なすかより、世間が自分をどう見ているかということに多くの注意を払うのだ。

理想を抱き、忙しくしていて、学歴にこだわらないメンバー

すぐれたチームは、たとえ現時点で最先端でもまだ変えられることがあると考える。当時のマッキントッシュ部門の特徴をひとつだけあげるとすれば、「理想主義」だ（「傲慢さ」がその次）。全員が世界を変えることができると本気で信じ、自分たちの仕事（まさに「ミッション」）を「とんでもなくすばらしい」とか「世の人々のためのコンピュータ」といったことばで表現した。

革命を起こすのに最適な人材をひと言で表すなら、「エバンジニア」だ。[4] これは「エバンジ

エリスト」（くわしくは5章）と「エンジニア」を組み合わせた造語で、世界を変えたいと思い、そのための技術も知識も持っている人という意味だ。

革命的なチームを作るときには、雇いやすいからといって、失業者やパートタイムの人に声をかけたくなる誘惑に屈してはならない。すぐれた人材は、たいてい重要なプロジェクトにたずさわっていて、まったく時間がないわけではないにしても、かなり忙しいはずだ。あなたのアイデアが有効かどうかは、彼らを説得してチームに加えることができるかどうかで試されるだろう。[5]

革命的なメンバーに求められる重要な素養は、あとふたつある――能力と情熱だ。ちなみに、学歴や職歴は意味がない。マッキントッシュの設計で驚くべき働きをしたエンジニアの大半は、大学すら卒業していなかった。*

最後に、すぐれた人をそろえるのと同じくらい大切なのが、劣った人を遠ざけることだ。劣った人はすぐれた人を追い払ってしまう（その逆ではない）。

ホールマーク・カーズ社では、まちがった人がライターにならないように、求職者へ次のよ

＊ひとつ言えることがある。立派な学歴の持ち主が「できる」と言った場合、おそらくそれはできる。しかし、同じ人物が「できない」と言った場合でも、たいていできてしまうものだ。

うに注意をうながしている。

執筆・編集部門へようこそ。ホールマークに興味を持っていただき、ありがとうございます。

あなたはこのあとに続く数ページを読んでとても気に入ってくださるか、とても嫌悪感を抱かれることでしょう。どちらでもかまいません。

この冊子に書かれたことを実行して、イライラしたり腹が立ったりつまらないと思ったりしたら、無理をしてはいけません。捨ててください。そうすればおそらく大嫌いな仕事を選ばずにすんだということになります。

しかし、もしここに書かれたことを実行してみて、やりがいがある、わくわくする、興味深いと感じたなら、申込書を郵送してください。もしかすると大好きになれる仕事が見つかったのかもしれません。

練習問題

いちばん仕事ができると思う同僚の学歴と職歴を調べてみよう。それほどすばらしい経歴だろうか。

少人数で、切り離され、ひどい環境にいる

すぐれたチームはふつう人数が少ない。せいぜい五〇人までだ（何百人からなるチームが革命的なものを作り出すことはめったにない）。革命的な商品には、集中と一貫性と常識はずれの情熱が必要だが、それを大きなチームで生み出すのは至難のわざだからだ。

まず、すぐれたチームは会社のほかの部門から切り離されなければならない。ピツニーボウズ社に二〇年勤めたベテラン、マイケル・ステシックは、パーソナル・ポスト・オフィス・メーリング・センターという小規模およびホームオフィス向けの商品を扱うチームを率いて、大成功を収めた。それまで大企業相手に成功していたピツニーボウズは、この市場を無視していたのだ。

そのステシックがおこなった重要な決定のひとつが、自分のチームを豪華な本社から五〇キロ離れたところに移すというものだった。[6]

物理的に離れることは、次の理由から大切だ。

●会社全体に広がる機能横断的なチームでは、まとまりのある集団になれない。すぐれたチー

ムには「神からの使命」に対する強烈な忠誠心が必要だ。そのような「使命」は組織全体の目標と一致しないこともあり、最悪の場合には対立する。

- 競争相手の先を進みつづけるには、秘密が重要になる。オフィス内を往き来する人間が増えれば増えるほど、秘密はもれやすくなる。
- 初期のプロセスにはフィードバックが必要ない（むしろ受けたくない）。率直に言って、最初のプロトタイプはできが悪いものだ。凡庸さから抜け出すために、チームには時間とスペースが必要だ。

すぐれたチームの次の条件は、本社とは別のひどい建物に、ひどい家具つきで、ぎゅうぎゅう詰めになっていること、だ。なぜ、ぎゅうぎゅう詰めがよいのか？　ＭＩＴスローン経営大学院のトマス・Ｊ・アレン教授の発見によると、互いに三〇メートル以上離れると、人々のコミュニケーションが劇的に減るからだ。[7]

ひどい建物とひどい家具が必要なのは、革命家にとって苦労はプラスに働くからである。チームの結束が高まり、緊急性が生まれ、商品発売というもっとも重要なプロセスに集中できるようになる。革命家を自称するチームに声をかけられても、オフィスに行ってみたらとても美しく、ハーマンミラーの家具が置いてあったりしたら、面接からとっとと逃げ出したほうがい

初期のホールマーク・カーズ社のデザイン部門

1997年ごろの同社のケリー・バーネットの仕事スペース。
数十年でなんというちがいだろう。

い。だが反対に、ひどい建物で、置いてある家具もひどいけれどすばらしくクリエイティブなオフィスだったら、その場で契約すべきだ。

カジュアルでくだけた雰囲気

強くて革命的なリーダー、メンバー、物理的な環境がそろっていれば、そのチームの雰囲気が堅苦しく組織化されたものである可能性はまずないが、念のため強調しておく。革命的なチームは、カジュアルでくだけた雰囲気においてこそ成功する。メンバーが自由にコミュニケーションをとり、官僚主義や社内の序列より「使命」が優先されるような雰囲気だ。

革命の産物が社内や業界の主流になったときには別の構造が必要かもしれないが、少なくとも職員の雇用や、商品の創造、市場投入の際には、そんな環境が不可欠である。

練習問題

ショッピングセンターでの問題。

革命的なチームのメンバーとして雇おうと思っていた女性を、偶然ショッピングセンターで見かけたが、彼女はまだあなたに気づいていない。あなたはどういう行動をとるだろう。

Ⓐ駆け寄って挨拶する。
Ⓑばったり出くわす機会を待つ。
Ⓒ彼女に見られるまえに店に隠れる。
（あなたのチームのメンバーは、Ⓐのような行動をとらせる人であるべきだ）

すぐれた活動の条件

「革命」の最後の構成要素は、すぐれた活動だ。ひとつのアイデアから商品ができるまでどう前進していくか。そのプロセスは、次の七つのアクションによって容易になる。

アクション1：すでにある商品やサービスの欠点をあえて見つける

革命家向きのスタート地点は、既存商品の欠点を見つけ、それを大きく改善することだ。

一九八〇年代初め、マッキントッシュ部門はパーソナルコンピュータの現状に満足していなかった。当時のコンピュータはあまりにも使いにくく、値段も高すぎた。趣味人やハッカーに受け入れられていたのは、彼らしか使うことができなかったからだし、会社や大学で使われていたのは、彼らしか買うことができなかったからだ。もっといいものができる、よくしなければならない！　私たちがあえてそんな高い理想を抱かなければ、マッキントッシュは生まれなかったにちがいない。

ここで重要なのは、革命家はかならずしも最悪の困難や欠乏から生まれるわけではない、ということだ（この点でビジネスの革命と政治の革命は異なる）。工業デザインの研究者ヘンリー・ペトロスキーが言うように、「必要ではなく、贅沢こそが発明の母である」[8]。よりよい商品やサービス、そしてよりよい世界を思い描くことができる革命家は、その実現のために惜しみなく時間や労力を割く。

アクション2：直感にしたがう

ハロルド・スパーリック〔訳注：元フォード副社長であり、元クライスラー社長〕にはビジョンがあった——ステーションワゴンより便利な家族向けの車である。その夢の車は、買い物や相乗りに使えるくらいに大きいが、乗用車のように前輪駆動で運転しやすい。一般消費者には、まだ広さか運転しやすさの二者択一しかなかった当時（一九七〇年代）の話だ。

練習問題

ステーションワゴン一台に、あなたとあなたの配偶者、三人の子供、祖父母、ベビーカー二台を乗せてみよう。

スパーリックが初めて「ミニバン」のアイデアを具体化しはじめたとき、フォード社の上層部は大反対した。「そういう市場が存在すると確信できなかったんだろうね。まだ商品が存在しなかったから」とスパーリックは振り返る。「ミニバンを開発していた一〇年間、そんな車を作ってほしいという主婦からの手紙は一通も来なかった。疑り深い人は、それを市場が存在しないことの証明だと思った」[9]

このあと、スパーリックは真の革命家らしい展開を見せる。直感を信じて自分の商品に肩入れしすぎ、会社をクビになったのだ。「ヘンリー・フォードはとにかく作りたくなかった。ハロルドは彼と対決したが、まわりの人間にそういう態度をとりつづければ……」、そう語ったのは、そのころフォードの幹部だったリー・アイアコッカだ。ヘンリー・フォードはアイアコッカに命じてスパーリックを解雇させたのだった。[10]

結局、スパーリックはアイアコッカが移籍したクライスラーに入って、新しいボスのもとでミニバンを完成させた。発売は一九八三年、一年で五〇万台も売り上げて、競争相手である日本のメーカーが思いつきもしなかった市場を独占した。ちなみに、ゼネラルモーターズ（GM）もミニバンを設計し、顧客の需要はあるという市場調査結果も得てはいたが、資金不足、または勇気かビジョンの不足で、そのアイデアを断念していた。[11]

そこで教訓――革命的な商品を生み出すためには、直感を使うこと。悲しいかな、人はいまある商品の改善以外のアイデアをめったに思いつかない。市場調査は革命的な商品の助けにはならない。ひねくれた言い方だが、ときには人々の賢明さを先取りしなければならないのだ。

論より証拠。クライスラーは主婦が誰ひとり作ってと言わなかったミニバンで成功した。同様に、電源を入れると笑顔が出てきて、操作にはマウスなるものを使い、画面には文字ではなくアイコンが現れるかわいい小さなコンピュータが欲しいと言った人もいなかった。当時は誰もが、もっと速いＭＳ－ＤＯＳマシンを欲しがっていたのだ。

アクション3：みずから設計する

> すべては日曜にまだ幼かった娘たちを遊園地に連れていったときに始まった。私はベンチに坐り、ピーナツを食べながらまわりを見て、つぶやいた。なんてことだ、わが子を連れていけるもっといい場所がどうしてないのだろう、いっしょに楽しめる場所があればいいのに、と。
>
> ——ウォルト・ディズニー[12]

なぜ食器洗い機は発明されたのか。皿を入れて動かし、余った時間でほかのことをするため？　もう一度考えてみてほしい。

食器洗い機が誕生したのは一八八六年、発明者はイリノイ州の政治家の妻ジョゼフィン・コクリンだ。彼女の家は裕福で使用人も大勢いたから、時間と労力を節約したかったのではない。使用人が洗っている最中に皿を割ることがあまりにも多いので、困った末に考えついたのだ。

その食器洗い機は、労働力の節約になるし、割れる食器も減るということで、ホテルやレストランからはたくさん注文が入った。しかし興味深いことに、当時の一般家庭の人たちは皿洗いをさほど面倒だと思っていなかった。それゆえ、熱湯が使えてより衛生的である点を売りこまなければならなかったという[13]。

ここで言いたいのは、あらゆることに失敗したら、商品開発の基本中の基本に立ち返ってみようということ。つまり、自分が使いたいものを設計することだ。少なくともその商品にひとり、は顧客がいる。これは大半の市場調査会社が特定できる顧客数より多い。

アクション4：振って焼いて

インダストリー・ネット社を買収したロータス・ディベロップメント社の元CEO、ジム・マンジには明るい未来が開けていた。何千というオンライン取引で儲けている一流の起業家だったうえに、インターネット取引といういちばんホットな市場も手にしたからだ。成功する要素はすべてそろっていた[14]。

マンジは会社をネッツ社と改名し、ピッツバーグからマサチューセッツ州ケンブリッジの美しい社屋へと移転した。ロータスから幹部を雇い入れ、大量の取引を支えるソフトウェアとハードウェアを管理するために、六〇名のエンジニアからなる基礎部門も構築した。ついには巨大企業AT&Tの子会社ニュー・メディア・サービシズの買収までした。

ところが一九九七年、ネッツは倒産した。資金回転率は年に一〇〇万ドルもあったのに、その売上では基礎部門の費用がまかなえなかった。計画が壮大すぎた。おそらくマンジは先を急ぎすぎたのだ。

彼は「振って焼く」べきだった。シンプルで安い材料を袋に入れ、振って、焼き、市場に出す――言い換えれば、プロトタイプを作って、そこからなんとかやっていくということだ。

カギ・シェアウェアはまさにそうした。カリフォルニア州バークレーに本社を置くこの会社は、一二〇〇人のシェアウェア・プログラマーと、彼らが作った三四〇〇のソフトウェア商品を抱えている。発端は創業者キー・ネザリーの趣味だったが、ビジネスが広がるにつれ、妻や息子、友人たちを会社に引き入れた。最初の商品は、シンプルで安いコンピュータ（マッキントッシュⅡci とマッキントッシュ・クラシック）と、シンプルで安いソフトウェア（ハイパーカードとユードラ）を使ってできた、ネット上の決済システムだった。

スタート時のオフィスはネザリーの寝室だったという。仕事で使うコンピュータを寝室の机に置いていたので、妻がベッドに入るときは一度椅子をどかして彼女を通さなければならなかった。「カギの最初の〝オフィス〟は〇・四平方米ほどだったよ」とネザリーは言う。二台目のコンピュータは、ファンがうるさすぎて眠れないので、寝室の外に出さざるをえなかった。

カギ・シェアウェアは、自力で立ち上げて、巨額の資本なしに成功した企業の例だ。ネッツとカギを比較すれば、資金が多すぎることは少なすぎることより有害なのがわかるだろう。ネザリーが言うように、「資金が多すぎて、現実世界での経験が足りない企業は、架空の問題を解くことに夢中になりやすい」のだ。

アクション5：ホームランより塁に出る

カギ・シェアウェアにはもうひとつすぐれた点がある。塁に出ることに専念し、ホームランはおまけと思っていることだ。ネッツが最初から人員やコンピュータやソフトウェアをそろえてホームランを狙ったのに対し、カギはビジネスで生き残ることに集中した。

自分の金を使うわけではないのだから、ホームランを狙って何が悪いかって？　世間知らずと言われるかもしれないが、自分の金だろうと他人の金だろうと、無駄使いはよくない。カギが最初に打ったのはシングルヒットだったかもしれないが、塁に出れば得点のチャンスがある。ネッツの場合には、そもそも試合にならなかった。

実際、ビジネス上のホームランのほとんどはシングルヒットから始まる。そのあとタイミングよく幸運が訪れるのだ。野球の監督ならみな、ホームランバッターがやたらいるより、堅実なヒットを打つ選手が多いチームが理想だと言うだろう。

たとえばリチャード・シアーズは、一八八六年に宝石商が引き取らなかった腕時計の積荷を販売して、シングルヒットを打った。[15] 鉄道の駅長のもとで働き、運送証券を扱っていたことで、さまざまな積荷の値づけにくわしくなっていたシアーズは、その腕時計を一個一二ドルで買い、別の駅長に一個一四ドルで売ったのだ。あとは彼らがどれだけ利益を得ようと好きにさせ、自分はその後の半年で五〇〇〇ドルを手にした。[16]

彼はこのシングルヒットから薄利多売の戦略を学び、それがシアーズ百貨店というホームランにつながった。

アクション6：反対論者を無視する

現状維持を望む人はたいてい、そのアイデアはうまくいかないとか必要ないなどと言う。みずから作り上げた現状に攻撃をしかけられていると考えるからだ。だから革命を起こすためには、反対論者を無視する必要がある。以下に無視すべき人のカテゴリーと理由を示そう。

【反対論者① 顧客と市場調査】

フォーカスグループは、意見の食いちがいや参加者間の影響が大きすぎるので、まさにそういう様子を見たいのでないかぎり、これで人々の消費活動をとらえたと考えるのは危険である。

——ジェフリー・ムーア

顧客と市場調査は、悪いものを支持し、よいものを非難する。顧客に「何が欲しいですか」とか「何を使いますか」といった、回答自由な質問をすると、答えはまちがいなく平均的になる。人々は画期的なものより平凡なもの、なじみのあるものに投票するのだ。

メディア界の大物バリー・ディラーは、市場調査で「これ以上テレビ局はいらない」という結果が出ていたにもかかわらず、フォックス・ブロードキャスティングを創設した。ディラーはフォーチュン誌にこう語った。「われわれは、人口統計データや、市場調査や、フォーカスグループに支配されている。そういうデータが作れと言うものを作る。そうして追い立てられるうちに、徐々に感覚が失われ、直感も鈍り、安全な行動ばかりとるようになる」[17]

ポラロイドが、コダック・ベイビー・ブラウニーより値段が三〇倍もする新型カメラを作ったとき、顧客がなんと言ったか思い出してほしい。[18]あるいは、送料が切手郵便の一五〇倍になるフェデックスの配送サービスについて、どう言ったか。[19]

【反対論者②　批評家と専門バカ】

批評家や専門バカについては、ＧＭに勤めていた伝説の発明家、チャールズ・ケタリングがいちばんうまく説明している。

ある研究プログラムをやめたければ、専門家を何人か集めて、そのテーマについて議論させれば確実だ。彼らはすぐに、そもそも手をつけたこと自体が愚かだという結論を出してくれるだろう。[20]

古典的な「専門バカ」の失敗例としては、ＩＢＭがのちにゼロックスとなるコピー機の販売権を取得しなかったことがあげられる。一九五九年、ゼロックスの前身であるハロイド社が売り込みにきたとき、ＩＢＭは大手コンサルティング会社にアドバイスを求め、そのコンサルティング会社は三カ月調査したあと、この技術は買うべきでないと進言した。普通紙のコピー機の需要は、世界全体で五〇〇〇台にも満たないと見積もったのだ。[21]

だが残念ながら、ゼロックス自体もその後、専門バカの餌食《えじき》になる。同社はコンサルタントの助言にしたがって、小型コピー機に参入しなかった。代わりに日本のメーカーが小型化を実現し、ゼロックスの市場シェアを半分にした。

また、人は他人の発明をけなすだけでなく、自分の発明をも過小評価してしまうことがある。

トーキー（有声映画）がサイレント（無声映画）に取って代わることはないでしょう……サイレントにはすでに莫大な投資がなされていますから、そのまま維持しないのは愚かです。[22]

――トマス・エジソン（一九一三年、みずから発明した有声映写機の初公開の場で）

［反対論者③ 自分の会社］

会社で働く革命家は、（皮肉にも）たびたび自分の同僚を無視しなければならないことに気づく。その典型的な例を三つあげよう。

●**技術部門**　技術部門がひとつの技術に惚れこみ、「完璧な商品」をめざすと、多くのチャンスが失われる。機能を追加したがる技術部門を無視しなければ、競争相手に市場を支配されてしまうこともあるだろう。

●**営業部門**　会社の営業部門は、今四半期のノルマ達成という短期的なものの見方をしがちだ。たいてい既存商品を改善したい顧客の要望を強調し、できたものをもっと安く売ろうとする。

●**経営陣**　会社の上層部にいけばいくほど酸素は薄くなり、知的生命体を養うのがむずかしくなる。現状維持しか考えられないような経営陣は、ときに無視しなければならない。

自分の組織の上層部を無視した印象深い例をひとつ。メディシン誌によると、一九二九年に心臓カテーテル法を確立したベルナー・フォルスマンは、カテーテルを心臓まで入れることが可能であると証明するため、次のような行動をとった。[23]

彼は外科部長の反対を無視し、助手を手術台に縛りつけて邪魔させないようにして、自分の腕の静脈から尿道カテーテルを挿入した。そして右心房まで到達させたあと、上の階のX線部まで歩いていって、レントゲンを撮って確認した。[24]

[反対論者④ 競争相手]

競争相手を負かすことに集中すると、戦略は否応なく競争相手に決められてしまう。[25]

――大前研一『ボーダレス・ワールド』

このアドバイスは少々むずかしい。革命家は競争相手をつぶさに観察すべきだが、相手の行動を理解していると思うべきではないし、まねるべきでもない（競合他社に転職すればわかるが、相手の職場はだいたいごちゃごちゃだ）。

ヤマハは、伝統的なピアノやシンセサイザーにこだわっていた競争相手を無視して、デジタルピアノを作った。

それまでのピアノは柔軟に音を合成することができなかった。一方、シンセサイザーは音の合成に関しては柔軟だったが、あまりにも不恰好でリビングに置けなかった。

そこでヤマハは競争相手の昔ながらの考え方を無視して、伝統的なピアノにシンセサイザーの機能を加えた。そしてデジタルとアナログの最高の組み合わせを望む人々の市場を広げ、依然として伝統的なピアノの変化形にこだわるピアノメーカーの先へと飛び出した。[26]

アクション7：ガッツでいこう

クライスラーのミニバンの例をあげた「直感にしたがう《ゴー・ウィズ・ユア・ガット》」の項では、誰からも頼まれないのに直感にしたがってものを作ることを説明した。

それと発音は似ているが内容はちがうものとして、「ガッツでいく《ゴー・ウィズ・ユア・ガッツ》」がある。直感で商品やサービスを作ったあと、勇気を持ってそれらを支えつづけることだ。

たとえば、コーニング社は、光ファイバーの市場がまだできていないときに、その製造工場を建てた。[27]「いずれみんなが使う製品になると確信していました」と語るのは、確実で大容量の通信が可能な低損失光ファイバーを発明したドン・ケックだ。「最終的には光ファイバーのネットワークが銅ケーブルに取って代わる、というビジョンがあったのです」

そして、その日が来た。一九八二年、電気通信事業の規制が緩和されて誕生したＭＣＩが、コーニングに注文を出したのだ。現在では、ほとんどの長距離電話ネットワークやケーブルテレビが光ファイバーへ移行し、多くの公共施設が、工場やネットワークの監視や故障の発見に光ファイバーを活用している。

ただし、根っから無謀な起業家精神の持ち主でないかぎり、「ガッツでいく」と大きなリスクをともなうのも事実だ。コーニングの場合のように、巨大なリスクをとる企業活動の一部であれば問題ないが、ふつうの企業に危険を無視する勇気はない。単一商品しか扱わないとか、できてまもない会社は、もっと慎重であるべきだろう（「振って焼いて」の項を参照）。

「ひと桁」テストをする

すぐれた人材とすぐれた活動によって、すぐれた商品を作る方法がわかったら、最後の問題は「ぽんこつ《クラッピー》かもしれないという心配はやめて、いつ市場投入するか」だ。

知ったかぶりの回答がふたつある。ひとつは「資金が底をついたとき」、もうひとつは「べンチャー投資家に言われたとき」だ。あなたがこのふたつの条件にしたがっていないことを祈る。もししたがったのなら、事態はすでに手に負えなくなっているかもしれない。

本当にしたがうべきは、そのどちらでもなく、「ひと桁」テストだ。すなわち、市場に次の成長カーブをもたらす新しい価値の提案ができるときに投入するということ。現状の一〇パーセント、五〇パーセント、五〇〇パーセント増しでもまだ足りない。あなたの革命は、少なくとも一〇〇〇パーセント、つまり一〇倍、「ひと桁」分の改善をなしとげなければならないのだ。

ひと桁分の改善ができるかどうかを見きわめるいちばんの方法は、自分の製品を歴史的な例と比較してみることだ。あなたの新しい製品やサービスが次の例ほどの飛躍を実現するかどうか、わが胸かまわりの人に訊いてみよう。

旧	新
バナナの葉	ビニール袋
計算尺	計算機
デイジーホイールプリンタ	レーザープリンタ
MS-DOS	マッキントッシュ

芋虫	くしゃくしゃにした葉っぱ
チョウ	トイレットペーパー

練習問題

行きつけの文具店で帳簿用紙を買ってきて、会計担当者に会社の数字を説明してもらおう。[28]

ひと桁テストの判定に使える二番目の方法は、あなたや同僚がその新商品を自分の成功と結びつけられるかどうかだ。[29] 市場に出るずっとまえから、私たちはマッキントッシュを自分たちの部門の日々の仕事（たとえば、マーケティング計画）で実際に使わずにはいられなくなっていた。「自分の犬のドッグフードを食べる」どころか、自分の犬のドッグフードを愛して、ほかのものはまったく食べなくなるほどの熱中ぶりだった。

商品がこのハードルを越えたとき、革命で得られるものは一時的で些末な問題をはるかに凌《りょう》駕《が》する。市場に出すことが道徳的義務だとさえ思えてくるだろう。

革命家のための読み物

- *The Design of Everyday Things*, Donald A. Norman, Doubleday, 1990, ISBN: 0385267746
- *The Evolution of Useful Things*, Henry Petroski, Vintage Books, 1994, ISBN: 0679740392　ヘンリー・ペトロスキー『フォークの歯はなぜ四本になったか』(平凡社)
- Marketing High Technology – An Insider's View, William H. Davidow, Free Press, 1986, ISBN: 002907990X　ウィリアム・H・ダビドウ『ハイテク企業のマーケティング戦略』(TBSブリタニカ)
- *The Power of Product Platforms – Building Value and Cost Leadership*, Marc H. Meyer and Alvin P. Lehnerd, Free Press, 1997, ISBN: 0684825805
- *Skunk Works – A Personal Memoir of My Years at Lockheed*, Ben R. Rich and Leo Janos, Little Brown, 1996, ISBN: 0316743003　ベン・R・リッチ『ステルス戦闘機』(講談社)
- *To Engineer Is Human – The Role of Failure in Successful Design*, Henry Petroski, Vintage Books, 1992, ISBN: 0679734163　ヘンリー・ペトロスキー『人はだれでもエンジニア』(鹿島出版会)

3 チャーン、ベイビー、チャーン ——かき混ぜろ、ベイビー、かき混ぜるんだ

「改善する」とは、変えることだ。「完成させる」とは、たびたび変えることだ。

——ウィンストン・チャーチル

よりよく……もっとよく

前章で「ドント・ウォリー・ビー・クラッピー」を提案したが、もちろんクラッピーのままでいいというわけではない。革命的な商品をいち早く使いはじめた人たちの声を聞き、参考にしながら改善していくべきだ（市場調査は無視せよと言ったことと矛盾していると思われるかもしれないが、あれは新商品を作り出すときのことで改善に関してではない）。「よりよい」をめざすと「これで充分」とは言えなくなる。それでも、よりよいほうがいいに決まっている。

私はこのことを、マッキントッシュ発売の翌年、一九八五年に初めて学んだ。

マッキントッシュはその前年の一九八四年に二五万台ほど売れていたが、年が変わると、何にでも手を出す好事家や専門家やおたくの市場が明らかに尽きてきた。そろそろ革命的なマッキントッシュをかき混ぜ《チャーン》て、欠点を改善すべきときだったが、私たちは次の四つの理由からそうしなかった。

●かわいいわが子が完璧でないということを正面切って認めたくなかった。一方、市場がまだ理解していないと信じることは（愚かな考えだが）たやすかった。自分たちは飛んでいると思っていたが、『トイ・ストーリー』のウッディが言ったように「それは飛んでるんじゃない。かっこよく落ちてる」だった。

●私たちは燃え尽きていた。マッキントッシュ部門の多くのメンバーは、すさまじいプレッシャーのもとで何年も週七〇時間働きつづけ（そうすることが大好きだと思いながら）、疲れ果てていた。

●革命的な商品の「改善」は、「生み出す」ことよりはるかにつまらなかった。色やスロットや開発ツールを微調整したり、デバッグを少しずつ進めたりすることは非常に重要だが、初代の商品を出荷したときのあの恍惚感はまったく得られなかった。

●私たちは若く、未熟で、世間知らずだった。そうした資質があればこそＭＳ－ＤＯＳの支配を打ち破れたのだが、「いまどこにいるか」より「どれだけ速く動いているか」のほうが重要だということはまだ学んでいなかった。

対するに、宿敵マイクロソフト（品質が「業務1・1」[1]）は、かき混ぜの名手だ。ウィンドウズははるかに遅れてスタートしたが、動きはマックより速かった。かつて私の友人が言ったように、「DOSは出足が鈍い」[2]のだ。

バージョン	プレスリリースの日付	機能
番号なし	1985年6月28日	「マイクロソフト・ウィンドウズは、MS-DOSオペレーティングシステムの拡張です……*」
1・0	1985年11月20日	アプリケーション・スワッピングによって、メモリ640Kの障害を乗り越える。
1・03	1986年8月29日	デバイス・ドライバ追加、AT&T6300コンピュータに搭載、MS-DOS3・2をサポート
1・04	1987年4月2日	ウィンドウの重ね合わせ、マイクロソフトOS／2と互換性のある外観、ウィンドウズ・プレゼン

		テーション・マネジャー
ウィンドウズ／386	1987年9月23日	MS-DOSの複数のアプリケーションによるマルチタスク、ハードウェア追加のないメモリ拡張、開いている複数のアプリケーション間のコピー＆ペースト
2・0	1987年12月9日	2～4倍の速度向上、拡張メモリサポート、MS-DOSアプリケーション間のデータ交換拡充
3・0	1990年5月22日	比例配置されたシステムフォント、立体的なスクロールバーとコマンドボタン、カラフルなアイコン、MS-DOSコマンドからユーザーを保護するシェル、デスクトップのカスタマイズ、ユーザーが作れる画面背景、ユーザーが定義できる画面色、16MBまでのメモリを使用、デスクトップ・アクセサリー
		ダイアローグボックスによる状況依存ヘルプ、ユー

＊1985年6月28日のマイクロソフトのプレスリリース

3・1	1992年4月6日	ザーが定義できるスタートアップ・アプリケーション、オブジェクトのリンクと埋めこみ（OLE）によるアプリケーションの同時実行の向上、ネットワークサポート向上、フォントのダイナミック・ダウンロードとユニバーサル・プリンタ・ドライバ
ウィンドウズNT	1993年7月27日	クライアント・サーバー・コンピューティング用OS
ウィンドウズ・フォー・ワークグループス3・11	1993年8月11日	ノベル・ネットウェアとウィンドウズNTのサポートを改善
ウィンドウズNTサーバー3・5	1994年9月21日	速度向上、サイズ縮小、すぐれた接続性
ウィンドウズNTサーバー3・51	1995年5月30日	パワーPCチップをサポート、ネットワーク管理ツール改善、ウィンドウズ95コモン・コントロールおよびダイアログをサポート

ウィンドウズ95	1995年8月24日	ビル・ゲイツによると、「ウィンドウズ95はコンピューティングの潜在能力を開花させるものです……コンピューティングをより簡単に、楽しくし、個人や企業がこれまでコンピュータでできなかったことを、できるようにします」*

問題をいかに想定しておくか

理論上、革命家は市場投入前に商品を完成させておくべきだが、現実世界ではふたつのことが妨げとなる。

●第一に、多くの問題は事前に見つけることがむずかしい。フォーカスグループによる調査もできるが、そちらが整然としているのに対し、現実世界は乱雑だ。フォーカスグループの参加者は、快適な部屋に坐って商品の使い方を予測する。そこには自分の意見を聞いてくれる人がいて、プロの司会者が会話をうながしてくれる。謝礼をもらっているので、みな積極的

＊1995年8月24日のマイクロソフトのプレスリリース

に意見も言う。しかし、本当の試練はその商品を自腹で買ったときに始まるのだ。子供がそれを階段の上から放り投げ、雨のなかに置き去りにし、犬がおしっこをかけたときに。

●第二に、社員がある商品を改善しようと思うためには、実際に使い勝手の悪さを見て（または体験して）みなければならない。フォーカスグループや初期の顧客テストで否定的な意見を聞いても、行動を起こすまでには至らない。人は、なんであれ否定的なものを過小評価する傾向があるからだ（心理学で言う「否認」）。革命的な商品は最初から歓迎されることがまずないから、なおさらである。改善は、発売して顧客の苦痛が現実のものになったそのときから始まる。

改善するためには、初めて市場に出したわが商品は完全ではない、という厳しい現実と向き合わなければならない。これは理想を抱く若い革命家にとってはことにつらい。だから市場の要望があったらすぐ改善を開始するには、まず「計画しておく」ことが大切だ。

その想定もなく、自分の商品は完璧だとか、顧客は愚かだからどんな商品でも買うなどと信じているとすれば、それはアメリカ式の考え方である。

ソニーの研究施設の幹部はかつて、アメリカのビジネスを「直線モデル」と表現した。[3]

【アメリカ式】
コンセプト　↓　エンジニアリング　↓　マーケティング　↓　顧客

まずコンセプトを思い浮かべ、エンジニアリングで作り方を考え、マーケティングで売り方を考え、顧客に手渡すという具合だ。

これに対して、同じ幹部は日本のモデルを次ページのように図示した。この場合、アイデアに始まり、エンジニアリングと製造を経て、顧客に届けてからフィードバックをもらい、商品を修正してまた顧客に届けるというサイクルをくり返す。カイゼン（改善）は日本のモデルだが、彼らはそれをW・エドワーズ・デミングというアメリカ人から学んだとも言える。つねにふたつの目標を念頭に置いて商品を見直しつづけるということだ。すなわち顧客を幸せにすることと、競争相手に先行すること。

練習問題

社員にあなたの会社の商品開発プロセスを図示してもらおう。

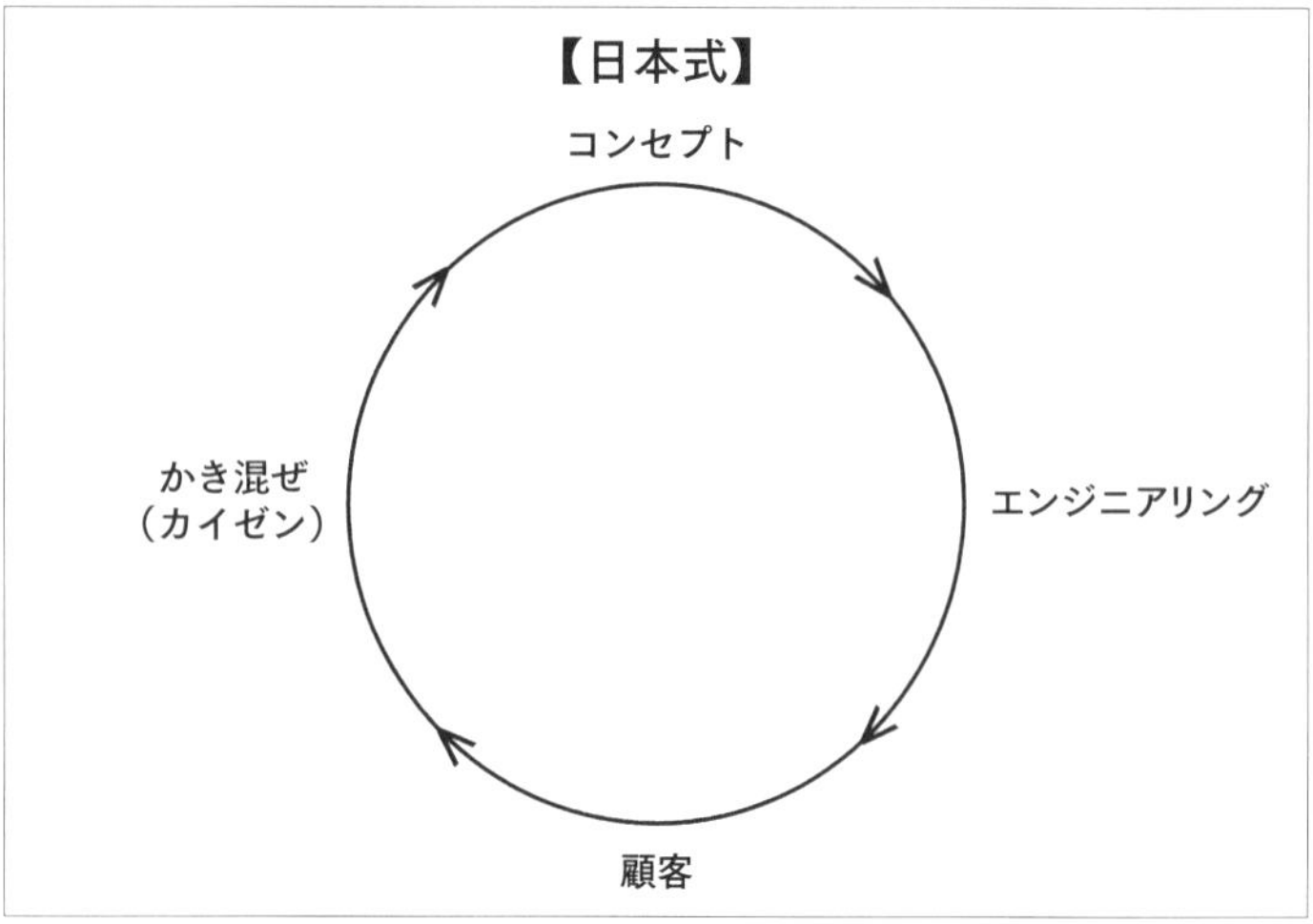

早めに失敗して長生きする

一九五五年、ディズニーランドのオープン初日は完全な失敗だった。乗り物は動かず、水飲み場も足りず、女性のハイヒールがまだ柔らかいアスファルトに刺さって動かなくなった。

しかしウォルト・ディズニーはくじけず、ひとつずつすべてを改善して、世界一人気のある観光スポットを作り上げた。[4]

かき混ぜの教訓その二は、「早めに失敗して長生きする」だ。

わざわざ失敗するためにものごとを始める人はいないが、失敗はありうる。ありうるからこそ、ディズニーのように成功する企業は、どうせならすぐに新商品が失敗することを望む。そういう企業には、ビジョンと、市場にとどまる力と、商品を修正していく辛抱強さがある。

MTVの成功物語は、早めに失敗して長生きした好例だ。一九八一年、MTVは二四時間放送の音楽ビデオネットワークを立ち上げて、テレビ業界に衝撃を与えた。いま振り返ると、たちまち成功したと思うかもしれないが、じつはちがう。MTVが成功したのは、すぐにさまざまなことを修正したからだ。

デイビッド・J・ベンジャックとJ・マイケル・マッキーンは、*New Product Success Stories* のなかで、MTVの需要をこう説明している。「若者たちは新しい音楽を聴きたかった。レコード会社はディスコ流行後の売上の落ちこみから回復したかった。ケーブル会社は番組をふたたび活性化させたかった」[5]

MTVは、変わりつづける市場に合わせて番組制作やビジネス戦略を修正・強化する能力を活かして成功への道を歩んだ。現時点での業務を分析して修正を加えることがいかに大切かがわかる。

MTVが変更したのは次のような点だった。

●放送が始まったとき、創設者のロバート・ピットマンは、「ふつうのテレビ番組と似すぎていて、ロックンロールの熱狂と生意気さに欠ける」と感じた。そこで、トークショー的なスタジオを、ロック・グッズだらけのティーンエイジャーの部屋のような雰囲気に改造した。

●「ヴィージェイ（veejays）」と呼ばれた番組の司会者も、初期のころ修正された。たんに次の曲を紹介するだけでなく、それぞれの「個性」を伸ばし、各人のスタイルに合った音楽を流してファンを作った。さらに、ラジオ業界の人材とアイデアを結集して、伝統的なテレビの価値観に囚われない番組を作ったことで、ハリウッドのトップクラスの監督も興味を抱き、音楽ビデオを数多く制作するようになった。

●当初は郊外の白人の視聴者に焦点を当て、黒人アーティストのビデオは流さず、ロックンロールにこだわっていたが、一九八三年にマイケル・ジャクソンの『ビート・イット』を流さなかったことで法廷闘争に巻きこまれた。そこで方針を切り替えて、同じくマイケル・ジャクソンの『スリラー』のビデオを初放映したほか、番組のジャンルを広げて、黒人アーティストやほかの音楽市場を取りこんでいった。

●市場をセグメントに分けて、少し上の三〇代向けのチャンネルを作ることにし、一九八四年、頓挫《とんざ》したテッド・ターナーの音楽ビデオチャンネルを買い上げて、VH1を作った。これによってMTVは、競争相手に先んじてこの市場をとらえ、全体の市場シェアを増やした。

●さまざまな市場セグメントに向けて、テーマごとの番組を提供しはじめた。ラップには『ヨー！　MTVラップス』、ダンス音楽には『クラブMTV』、それにポップやロックのミュージシャンが自分の曲をアコースティックで演奏する『MTVアンプラグド』。のちには、ニユースや、『リモート・コントロール』というクイズ番組や、『ビーバス&バットヘッド』というふてぶてしいアニメのシリーズといった新企画も現れた。

練習問題

昔のプレスリリース、マーケティング計画、技術仕様書を見つけて、いま提供しているものと比較してみよう。あなたの商品はどのくらい変更されているだろうか。

自分の犬のドッグフードを食べてみる

ポルシェのエンジニアたちは、バイザッハ研究開発センターに至る狭い田舎道を通勤する。その道には未舗装の部分があり、あちこちにくぼみがあり、曲がりくねっている。いわばポルシェの非公式のテスト走行路だ。地元の自治体が道路の補修を計画したが、ポルシェのエンジニアたちがかけ合って断念させた。[6] 気づいていたかどうかはともかく、彼らはかき混ぜの教訓その三「自分の犬のドッグフードを食べる」を理解していたのだ。

自分の商品はみずから使うこと、おそらくこれが改善の緊急性を体感するいちばんの方法だ。ロッキード・マーティン社の伝説的軍用機開発部門、スカンクワークスのリーダーだったケリー・ジョンソンは、なぜテストパイロットといっしょに実験機に乗るのかと訊かれて、こう答

スカンクワークスが製造した革命的な飛行機の数々

えた。

新しい飛行機を正しいバランス感覚と視点で設計できるように、年に一度はものすごく怖い思いをしなければならないと思ったんだ。[7]

スカンクワークスは五〇年にわたって、U－2、SR－71、F－117A、YF－22といった画期的な飛行機を製作してきた。ジョンソンには、革命的な商品というものがわかっていたにちがいない。

社員（ときに経営陣までも）が自分の犬のドッグフードを食べ、それゆえに健康を保っている企業を四社紹介しよう。

ライフ・サイエンシーズ・コーポレーション

メリーランド州ロックビルにあるライフ・サイエンシーズ・コーポレーションは、州政府からの依頼で、呼気アルコール・イグニション・インターロック装置（ＢＡＩＩＤ）を装着するプログラムを提供している。飲酒運転をくり返した人は免許停止になるが、ＢＡＩＩＤを車につけるなら免許証を保持できるという選択肢が与えられる。

ＢＡＩＩＤは、運転者の呼気に基準値を超えるアルコールを検知すると、車を発進できなくする。しかもしつこくできていて、発進時だけでなく、運転中にも不規則な間隔でチェックする。とはいえ、利用をうながすためには、できるだけユーザーフレンドリーで、かつ飲酒運転をさせないという目的を果たさなければならない。

そこで、本来不便で屈辱的なこの装置を、同社では社長も副社長も会長も自分の車に装着した。「みずから装置の使い勝手を確かめ、作動に関する情報を補うためでした」と社長のマイケル・ヘインズは言った。「ほかの人たちに装置を見せる目的もあったのですがね」[8]

ジレット　ジレットは、シェービング研究所の最新シェービング技術を、積極的に社員に試させている。毎日三〇〇人の社員がひげを剃らずに研究所に出勤し、同社と競合他社のひげ剃り商品を使うのだ。

実験参加に対する報酬は、金銭も含めていっさいない。「ジレット社員には本物の誇りがあ

社員みずから商品を試す、ジレットのシェービング研究所

る」と広報部長のエリック・クラウスは言う。「この活動に参加せずにはいられないのです」

ひげを剃り終わると、参加者はそれぞれの区画に備えつけられたタッチパッドで、品質と剃り具合に関する質問に答える。社員によるこのフィードバックは直接、研究所の技術部に伝えられる。「シェービング研究所は商品開発の中心となる部門です」とクラウスは言う。「いちばん大切な人々、つまりジレット社員からのフィードバックが即座に上がってくる。社員はみな成功する商品を作りたいので、それぞれの専門知識をもとに、いちばん率直で正確な情報を与えてくれるのです[9]」

キャノンデール・コーポレーション　コネチカット州ジョージタウンにあるキャノンデール・コーポレーションは、レース用自転車と関連アクセサリーにおける市場リーダーだ。同社の社員はキャノンデールの自転車で通勤し、キャノンデールのアクセサリーを使うことを勧められる。その代わり社員なら誰でも、自転車は四五パーセント引きで、ウェアとアクセサリーは六〇パーセント引きで購入できる。

また、勤務中にちょっと自転車に乗りたいが自社製品は持っていないという社員には、本社に社有の自転車と試作モデルも用意してある。「わが社の入口を見れば、社員がこぞって自分の会社の自転車で通勤していることがわかりますよ」とマーケティング・サービス・コーディネーターのダイアン・マクバーギンは言う。

もっともテストに熱心な社員は、ウェアとアクセサリーを無料で支給され、商品開発チームに評価を報告する。実際、六五名いる社員の三分の一ほどが商品テストにかかわり、プロダクトマネジャーと商品開発チームにフィードバックしている。マクバーギンはさらに言う。「うちの社員は、商品開発チームにとってフォーカスグループの役割を果たしているのです」

たまにウェアやアクセサリーを無料でもらえる以外、テスト参加者にはなんの金銭的報酬もない。マクバーギンは、たんに「企業文化の一部」なのだと言う。彼らはもとから自転車に夢中なのだ、と。

ブリタ・プロダクツ・カンパニー　毎日飲む水道水から、鉛や塩素のにおい、色、クロロホルムなどを取り除いて浄化するポット型浄水器のメーカー、ブリタ・プロダクツ・カンパニーは、社員が家庭で使用するためのサンプルを支給している。そのため同社の社員は誰でも、見込客から電話があったときに、自社商品の長所をすぐに説明できる（たんに台本を読み上げるテレマーケターの空疎なことばと比べてほしい）。

また、無料サンプルはブリタの商品を扱う大手小売店のバイヤーにも配られ、大手小売店が開店する際にはたいてい、ブリタの営業担当者が浄水器の扱い方と売り方をトレーニングする。「彼らが納得すれば、お客様を納得させることもできるのです」とCEOのハインツ・ハンカマーは言う。[10] さらに、小売店の販売員はみな、ブリタの浄水器を大幅な割引価格で買うことができる。

スターバックス・コーヒーもブリタの浄水器を使っている。この事実には、スターバックスのコーヒーが美味しいのはブリタを使っているからだと人々に思わせる心理的効果がある。ブリタが商品をスターバックスに進呈しているとは思わないが、もししているなら、すばらしいマーケティングだ。

練習問題

「自分の犬のドッグフードを食べる」ほかの例について考えてみよう。もし、次のようなことがおこなわれたらどうだろうか。

Ⓐ連邦議会の議員がみずから納税申告書を作成した。

Ⓑ航空会社の幹部が乗客と同じ機内食を食べた。[11]

Ⓒ州知事本人が自動車登録局に自家用車を登録しなければならなくなった。

Ⓓコンピュータ会社の幹部が自分で自社のソフトウェアをアップデートした。

オープンこそ、改善・拡張のカギ

教訓その四は「商品を改善する方法を組みこんでおく」だ。コンピュータ業界ではこれを「オープン・システム」と呼ぶ。「オープン」なコンピュータは、多くの点でオペレーションを改善し、拡張することができる。たとえば、

- ●特別なグラフィック・カードやビデオ・カードを加えて、システムのハードウェア能力を高められる。
- ●そのコンピュータメーカー以外の会社が開発したアプリケーションソフトも使える。
- ●アップルスクリプトなどのスクリプト言語で、OSをカスタマイズできる。
- ●ハードディスクやUSBドライブなど、周辺機器をコンピュータの筐体《きょうたい》に追加して、ストレ

ージ容量を増やせる。

マニアっぽい話はこのくらいにしておこう。

その商品が文字どおり顧客の「なかにある」とき、アップグレードや見直しはコストがかかって危険なプロセスになることがある。その一例が、心臓のペースメーカーだ。

そこで、テキサス州アングルトンのスルザーインターメディクス社は、ソフトウェアで柔軟に操作できるペースメーカーをいち早く開発した。これによって外科医は、プログラマー・ワンドと呼ばれる装置を使って患者の体内にあるペースメーカーと通信し、プログラムを書き換えることができる。

同社のペースメーカーには、新開発の機能を一時的に取りこむ追加メモリを持つものもある。こちらは食品医薬品局の許可と患者の同意を得たうえで、技術者が患者の体内で作動中のペースメーカーに新機能をインストールし、試験する。もしペースメーカーに何らかのミスがあっても、これさえあれば修正ができる。

「重複」を組みこむ

生物学者のスティーブン・ジェイ・グールドは、1章で紹介した「翼の五パーセント問題」

以外にも、マネジメント理論に貢献した。それは「重複」に対する考え方だ。

グールドは、動物がひとつの目的のためにふたつ以上の構造を持っていることも少なくないと指摘した。たとえば、古代の魚はエラと肺で呼吸をしていた。だが、肺はエラと機能が「重複」していたので、魚は時間をかけてそれを「改良」し、浮力を調節するための浮袋にしたという。重複があってこそ可能になった進化だ。[12]

ビジネスでも、見直して拡張する方法と並んで、あらかじめ重複を組みこんでおくという手がある。備えあれば憂いなし。例をひとつ紹介しよう。

一九九二年、アメリカはヨーロッパに食糧と薬を余分に蓄えておいたおかげで、ソビエト連邦解体後の国々を支援することができた。「希望提供作戦」と呼ばれたその活動では、飛行機や列車に満載された支給品が多くの救援組織や病院に届けられた。余分な備蓄が思いがけない使命を果たし、想定外の国の利益になったのだ。[13]

すべてを文書化する

かき混ぜの教訓その四にはおまけがある。「自社以外の人たちが商品を拡張できるように、技術的な仕様を文書にしておく」だ。

商品を見直して拡張する方法を取り入れるだけでなく、そのプロセスはこまかく文書化しておくこと。商品の使い方よりはるかにくわしい技術仕様書を作るのだ。たとえばアップルは、ハードウェアとソフトウェア両方の開発者向けに『インサイド・マッキントッシュ』（日経BP社）という本を出版した。

この教訓自体はコンピュータ業界から得られたものだが、こうした慣行はコンピュータ業界にかぎられたことではない。GMやクライスラーといった自動車メーカーも、車を組み立てて分解するための指示を網羅したマニュアルを提供している。車をカスタマイズする人や自分で修理する人にとても役立つマニュアルだ。

さらに、商品を見直して拡張する方法を組みこむときには、パートナーを支援する文書も作成したい。理想を言えば、その文書が商品のつけ足しになるのではなく、商品の一部になるべきだ。

その改善は誰のため?

多くの人は、商品を買わない人の反対意見に合わせて、条件反射のように商品を変えてしまう。たとえばアップルの場合、マッキントッシュを大企業に売りこむための特効薬はロータス1－2－3だと思っていたが、実際にはなんの効用もなかった。

そこで教訓その五は、「買わない人ではなく、買ってくれる人のために商品を改善する」だ。

そのためには、思考法を大きく変えなければならない。

まず大前提として、あなたの商品をすでに買っている顧客には二種類ある――あなたの想定どおりに使っている人と、そうでない人だ。

最初のグループについては、彼らが商品のどこをいいと思っているのかを調べて強化する。また、悪いと思っているところも確認して改善する。

問題はもう一方のグループだ。彼らはあなたが意図したように商品を使っていない。そもそもあなたが狙った顧客層ではないかもしれない。だが、なんらかの理由でその商品を便利だと思っている。こういう場合には、彼らが商品で何をしているのかを確かめて、さらに使ってもらうようにしなければならない。このグループこそ新規市場の開拓に役立つからだ。これを裏づける例がふたつある。

一九三〇年代、食品ブローカーのサム・ホーンスタインは、バルトという名のドッグフード（猛吹雪のなか、アラスカ州ノームにいる患者のためにジフテリア血清を届けたハスキー犬の名前にちなんだ）を作った。年に五万ケースほど売れていたが、そのうち、魚臭いという苦情が入るようになった。バルトに含まれる魚由来の成分が、ふつうの犬には濃すぎるというのだ。

そのときホーンスタインは、犬の飼い主の要望どおりに調合法を変える代わりに、このフードに別の市場があると気がついた。猫の飼い主だ。猫たちは、まさにバルトの魚のにおいに惹かれて、一年じゅう食べつづけていたのである。そこでバルトを猫向けに改良し、商品名も「長靴をはいた猫」に変えた。ホーンスタインはその後、成功したキャットフード会社をクエーカー・オーツ社に六〇〇〇万ドルで売却した。[14]

もうひとつの例。アーム&ハマー社は、もともとパンを焼くときのふくらし粉として重曹を売っていたが、自宅でパンを焼く人が減るにつれて需要は減っていた。ところが、一部の消費者が重曹に含まれるにおいを吸収する働きに注目し、冷蔵庫やカーペット、洗濯物、小物入れなどの消臭剤として使いはじめた。さらには台所のカウンターや流しのパイプをきれいにする低刺激のクレンザー、歯磨き粉としても。それればかりではない。重曹は体内で消化できるので胃の制酸剤にもなったし、皮膚のかゆみや足のむくみを解消するローションとしても使えた。

これらの発見にもとづいて、アーム&ハマーは販売戦略を変えた。商品のポジショニングを、ふくらし粉から「ナチュラルな」クレンザー・消臭剤へと移したのだ。まだパンを焼くときに使う顧客もたくさんいたが、市場を広げたのはこうした新しい使い方のほうだった。*Winning Back Your Market* の著者ジャグディシュ・シースによれば、「重曹を棚‐冷蔵庫‐流しのサイクルでくり返し使う家庭は、おそらくパンを焼く場合の二〇倍（同じ商品、同じパッケージで）は使う[15]」。

まちがいを隠そうとしない

自然志向の歯磨き粉やデオドラントなどで知られる衛生用品メーカー、トムズオブメイン社は、三年ごとに売上を倍増させていたが、ハニーサックルというデオドラント商品でつまずいた。

同社は、環境に配慮して石油由来の原料を減らすという目標を掲げていたから、ハニーサックルの改良に際しても、野菜ベースのグリセリンに代え、消臭力を強める天然の抗菌成分を追加した（体臭の根本の原因はバクテリアなのだ）。

ところが、この新商品を発売して二カ月後、顧客から苦情が入りはじめた。その多くは、効き目が半日もたないというものだった。消費者テストと、増えつづける苦情によって、顧客の半数が満足していないことが明らかになった。天然の抗菌成分をさらに増やしたが、それでも顧客は納得しなかった。

営業企画の社員はやる気をなくし、顧客は次々と苦情を持ちこんで販売店を悩ませた。同社はふたたび研究所に戻り、ようやく天然のグリセリンを以前の石油成分に代えることで問題を解決した。「いちばん立腹していたお客様二〇〇名にそのサンプルを送ったところ、とても気に入られたんです」と共同設立者で社長のトム・チャッペルは言う。

だが、問題はまだあった。営業企画の幹部が、効き目の弱いデオドラントの完全リコールを提案したが、それには四〇万ドルもかかるとわかったのだ。その年の会社の予想利益のじつに三〇パーセントにあたる金額だ。「もし失敗を認めれば、成功している別の新事業に梃子《てこ》入れする計画を見直さなければなりませんでした」とチャッペルは振り返る。苦渋の決断だった。結局チャッペルはリコールを承認し、マネジャーたちには、成長計画のペースを落としてマーケティング予算を削り、少しでも利益を出してほしいと伝えた。

　こうしてトムズオブメインは、苦情を申し立てた二〇〇〇人の顧客全員に回答した。説明と謝罪の手紙を一人ひとりに送り、改良したデオドラントの無料サンプルを同封した。「九八パーセントのお客様はそれに満足し、新しいデオドラントと弊社の対応に謝意を表してくれました」とチャッペルは言う。「見ている人は見ていたというわけです」

　ここで教訓その六、「まちがいを隠そうとしないこと」（「隠さない」ではなく「隠そうとしない」のが重要）。

　最終的にトムズオブメインは顧客の信頼を取り戻し、投資家と株主のために健全な利益をあげることができた。顧客減少も最小限に抑えられた。

　おまけに、ホームレスの人たちを減らすことにもひと役買った。リコールで大量に抱えたデオドラントの在庫を、ホームレスの人たちに衛生的な生活の訓練をおこなう団体に寄付したからだ。[16]

パート II

王のように命令せよ

4 いかにしてバリアを壊すか？

選択ではない。
習慣が無思慮な群れを支配するのだ。
——ウィリアム・ワーズワース（イギリスの詩人）

キャズムの洗礼

商品は出荷した。売れ行きも好調だ。初期の成功はまちがいないだろう。『トイ・ストーリー』のヒーロー、バズ・ライトイヤーのことばを借りれば「無限の彼方へさあ行くぞ！」。日本人なら「おめでとう」と言うところだ。

だが、ここで「キャズム」に落ちる準備をしてもらいたい。

キャズムとは、ジェフリー・ムーアが示したコンセプトだ。ハイテク関連のマーケティング書の最高峰『キャズム』（翔泳社）のなかで、彼はざっとつぎのように説明している。

初期に商品を使いはじめる人々で構成される「アーリーアダプター市場」と、次の段階のより実利を求める人々からなる「アーリーマジョリティ市場」のあいだには、深く大きな溝、すなわち「キャズム」がある。[1]

より幅広い人々に使ってもらうには、このキャズムを越えなければならないが、そのためにはまず、多くの人々にとって利用の妨げとなっているバリアを壊し、すでに成功を収めているニッチ市場で支配的な地位を占める必要がある。ニッチ市場を充分支配できれば、商品は臨界点を越え、なんの抵抗もなく人々に買ってもらえるようになる。その商品がきわめて魅力的なら、アーリーアダプターがバリアを壊してくれることもあるが、あなたのほうからもバリア除去を働きかければ、キャズムはもっと容易に、早く越えることができる。

じつのところ、アーリーアダプターがバリアを取り払ってしまうと、商品の受け入れられ方や魅力について、あなたが誤解するおそれもある。そしてそれが将来、キャズムに関するより大きな問題を生むかもしれない。

私自身、そのことをACIUSというソフトウェア会社の社長だったときに学んだ。同社で4Dというハイエンドのリレーショナル・データベースを発売したとき、技術にくわしいアーリーアダプターは、プログラム可能なこの強力なソフトウェアをこぞって買い求めた。それを見て私はヒット商品を生み出したと確信したが、その後キャズムに陥ってしまった。たいていの人にとって、４Ｄはむずかしすぎて使いこなせなかったのだ。

バリアにも種類がある

盛り上げよ。土を盛り上げて、道を整えよ。わたしの民の道から、つまずきを取り除け。

――旧約聖書イザヤ書五七章一四節

革命の行く手には、前進を妨げる五つのバリアがある――無知、惰性、複雑、販路、価格だ。

●**無知**　新しい商品を世に知らせて、無知を減らす必要がある。最高のネズミとりを発明しても、世の中の人々が知らなければ、あなたの店を訪れることはないのだ。

●**惰性**　通常これがもっとも厳しく、苛立たしいバリアだ。人々はよりよい方法があることを知っても、なかなか取り入れようとしない。最高のネズミとりがあるとわかっても、ほとんどの人が動こうとしないのを身銭で確かめるのは、かなりのショックだ。

●**複雑**　商品を設置したり使ったりするのがむずかしいときに生じるのが、複雑さのバリアだ。

簡単に使えない商品の場合、技術にくわしい熱心な顧客が買ったあとに、キャズムが待っている。あなたのネズミとりがどれほど革新的でも、設置にまる一日かかったり、博士号が必要だったりすれば、成功はありえない。

練習問題

商品のひとつをあなたの両親か親戚に送ってみよう。うまく使えるだろうか。もし使えなければ、次に電話で使い方を説明してみよう。

●**販路**　買おうにも買える場所がない商品は失敗する。積極的に売り、支援してくれる販路がないのは致命的だ。これを打開するにはこれまでの販路の修正が必要になるが、もともと現状維持の傾向があるからむずかしい。むしろ新しい販路を作るほうが簡単かもしれない。

●**価格**　革命家にとって「価格」ほど怖ろしいことばはない。アーリーアダプターからはできるだけ収入を得るべきだ。商品から最大限の価値を引き出すのは彼らだし、改良のための資金も必要だから。とはいえ、価格がアーリーアダプターすら遠ざけるレベルだった場合、キャズムを越えるどころか、そこに近づくこともできない。ひとつ九九ドルのネズミとりは成功しようがないのだ。

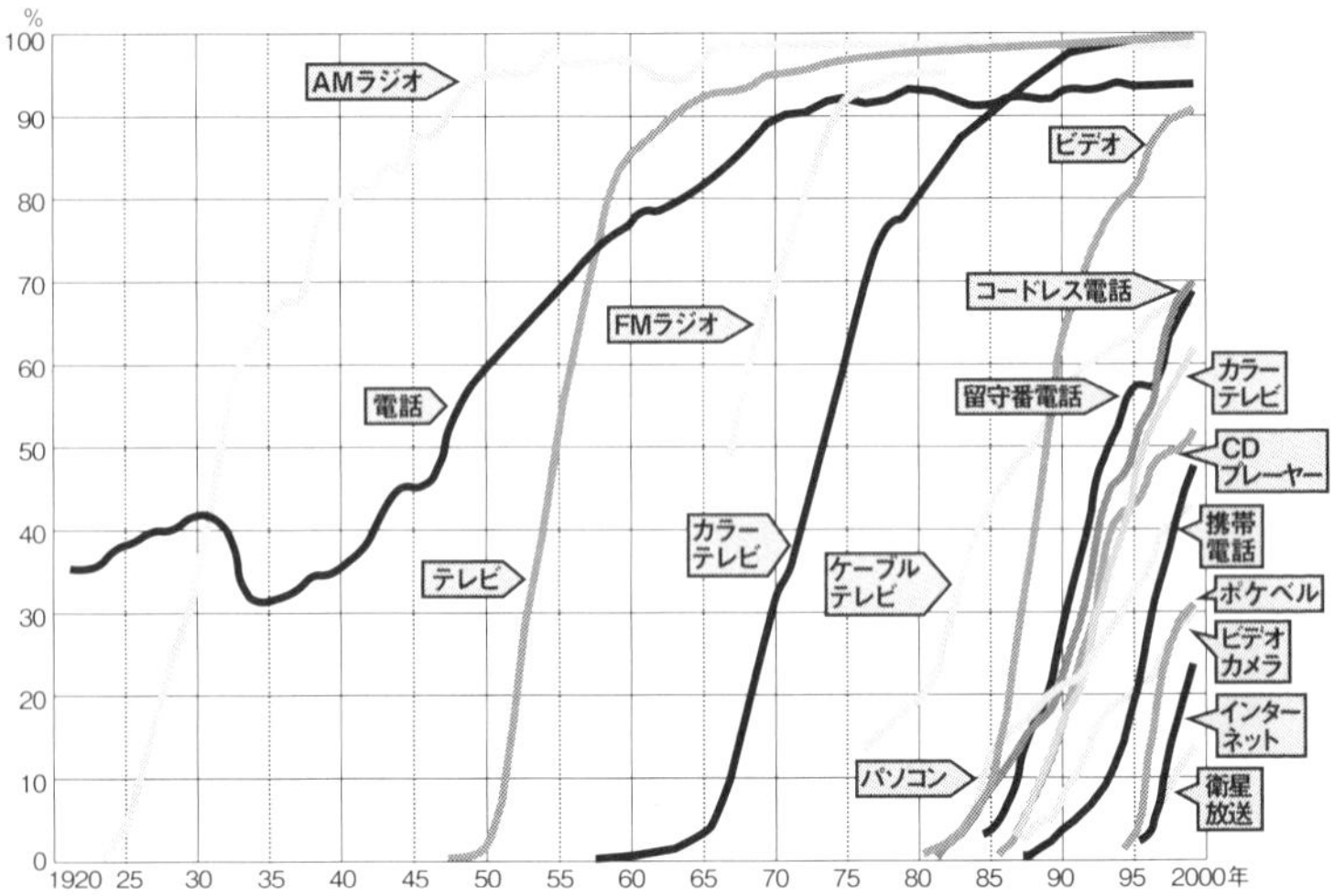

情報機器の普及率の推移。バリアのできる速度が増し、とくに1970年代からはカーブが急になっていることに注意。（グラフは http://classroom.wsj.com/から）

バリア壊しの基本

新商品導入にビッグバン理論を当てはめれば、広告、販売、プロモーション、販売手数料に巨額の資金をつぎこむという話になる。それによってバリアが取り払われるだけでなく、商品がそのカテゴリーで支配的な地位を占める。

しかし、現実の世界では、ふつう次のようになる。

Ⓐベンチャー投資家をだまして、一五〇〇万ドルを引き出す。

Ⓑ有名な広告会社を雇う。

Ⓒ有名なPR会社を雇う。

Ⓓワインとシュリンプが出てくる一〇万ドル

相当の豪華な記者会見とパーティを開く。
Ⓔ印刷・放送メディアでキャンペーンを展開する。
Ⓕ一七〇〇万ドルを費やすが、約束した発売日に出荷できない。
Ⓖ破産する。

要するに、バリアを壊すならもっといい方法がある。次に紹介する方法なら費用も安いし、大きな効果もあがる。まず文句は出ないはずだ。

テスト走行をしてもらう

受け入れのバリアを下げたりはずしたりしてもらう強力な方法に、商品やサービスの「試用」がある。たとえば、潤滑スプレーのメーカー、WD－40社は、ベトナム戦争に行く兵士たちに、熱帯でも武器をきれいに保つ商品サンプルを大量に配ったおかげで、広く知られるようになった。[2] 帰還兵たちが日常生活でもまたその商品を使いたいと思ったのだ。

より平和的な「テスト走行」としては、レブロンの例がある。同社では、爪形の裏がシールになっていて、実際に爪にくっつけて色の具合を確かめることができるマニキュアのカラーサンプルを提供した。

「テスト走行」用のサンプルには、三つのメリットがある。

●大勢の人に試されるので、嫌でも商品を使いやすく作ることになる。まだ人々が商品を試している段階で、テクニカルサポートは提供したくないはずだ。

●テストバージョンの商品価格は非常に安い（無料のものも多い）ので、価格のバリアが存在しない。たとえば、あなたの子供が高価なソフトウェアのデモバージョンを試したあと、買ってほしいとせがむことはあっても、最初から自分のお小遣いで買おうとはしないはずだ。

●顧客に直接サンプルを配ることによって、従来の販路以外のルートを見つけることができる。うまくすれば、サンプルを使った人々が、逆ルートで販路のほうにその商品を扱ってほしいと依頼することもあるだろう。

だが、なかにはサンプルを作れない商品もある。そういう商品の「テスト走行」には、返金保証が有効だ。あなたが「消費者は賢い」と思っていることを伝えよう。無理やり顧客に引き入れたりはしないこと。まず走らせたり、味わったり、使ったりしてもらい、あなたの革命を体験してもらうのだ。そのあと顧客になりたいかどうかは、それぞれの人に決めてもらえばいい。

「自分のもの」という感覚を生み出す

人は、「自分のもの」という感覚を持っている商品は抵抗なく受け入れる。この感覚は所有権や証明書の類とは関係ない。みずから設計に関与した商品と心理的に結びつくところから生まれるものだ。

私は何度かソフトウェアの設計でこれを利用した。ジャーナリストや批評家から改善点を提案されたとき、プログラマーを説得できる範囲で（できないこともあったが）、その提案を反映させたのだ。

批評家のアイデアは重要な改善点だったか？　いや、重要でないこともあった。ソフトウェアの変更はたいへんだったか？　いや、そうでもなかった。だがとにかく変更すれば彼らは喜び、自分たちが「設計」にたずさわった商品をけなす回数が減るだろうと考えたのだ（ゼロにはならなかったが、たしかに減った）。

要するに、バリアを作りそうな人々を見きわめて、商品やサービスの改善に協力してもらうということだ。本当に重要な改善のアイデアが出てくる可能性もある。もし出てこなくても、彼らの反発は減るだろう。

ふつうの山からマッターホルンを作る

シリコンバレーのマーケティング企画会社レジス・マッケンナは、革命的な商品を「図々しく」ポジショニングすることによって、ふつうの山をマッターホルン並の高い山に変えようと提唱している。

たしかに、図々しいポジショニングで人々にショックを与え、商品やサービスの潜在的な可能性を認識してもらえば、「無知」と「惰性」のバリアは下がる。とはいえ、人々が何もかも信じこむと思ってはいけない。目指す目標は、「どうしてこんなに図々しい提案ができるのだろう」と好奇心をかき立てることだ。

この戦略は、すべての会社がとれるわけではない。主張には真実も含まれていなければならないし、そもそも会社の安定した評判が必要だ。図々しいポジショニングは、信頼できる会社と協力的な顧客が交わすウインクのようなもので、商業主義の一点張りでは実現しない。

商品やサービス	**図々しいポジショニング**
レクサス	この車はメルセデスやBMWよりすばらしい。
ボーズのAM／FMラジオ	このラジオはコンサートホールより音がいい。
シリコン・グラフィックス	このコンピュータを使えば、誰でもジョージ・ルーカス

のワークステーション	並みの映画を作ることができる。
サウスウェスト航空	車で行くより安くて速い。

流行に乗る

より大きな力や流れ、すなわち「流行」には、競争相手も含むあらゆる人の「無知」と「惰性」のバリアを壊す力がある。なぜなら、ことわざにあるように、上げ潮はすべてのまぬけを持ち上げるからだ〔訳注：本来は「すべての船を〜」〕。もっといい場合には、あなたが流行を生み出し、ほかの革命家が飛び乗ってくる可能性もある。

このところ、あらゆる流行の「母」はインターネットだ。この上げ潮は無数のハードウェア、ソフトウェア、そしてサービスの船を持ち上げてきた。それらがあまりにも大きな価値を作り出した（または、大きなスペースを占めた）ために、上げ潮はいっそう高くなっている。

大切なことは、権利を奪われた人を助ける、何かを民主化する、教育とリテラシーを改善するといった、誰にも抵抗できない考え方の流行を見つけることだ。

練習問題

次の革命と流行を結びつけよ。

・チャールズ・シュワッブ　　・情報の流れを助ける
・インターネット　　・投資を民主化する
・携帯電話　　・摩擦のない資本主義
・コストコ　　・自由と接続性

それとも昔ながらの方法で

私はもともと現実離れした商品開発が好きなので、この本でも、もし革命的な商品を作ることができれば人はついてくる、と想定していることが多い（あえて「人」の定義もしない）。しかし、ヒット商品を生み出す方法は、ほかにもふたつある――小さな顧客セグメントに「集中する」ことと、小さな顧客セグメントを「作る」ことだ。

この章でこれらを論じるのは、顧客のニーズを最初から細かく仕分けすることが、バリアを「壊す」というより「避ける」ことに役立つからである。

小さな顧客セグメントに「集中する」

フロリダのフレッチャー・ミュージック・センターでは、電子オルガンが稼ぎ頭だったが、一九八〇年代にその売上が急激に落ちこみ、一九九〇年の利益は創業以来最低となった。そこでフレッチャーは方針を変え、昔からもっとも得意な分野に集中することにした――つまり、電子オルガンに集中したのだ。

　電子オルガンの売上は、たしかに一九七〇年代終わりの二五万台から一九九〇年の一万四〇〇〇台へと減っていたが[3]、全商品のなかでもっとも利ざやが大きかった。また、購入者のなかには、演奏技術が上達するにつれ、高機能の電子オルガンに買い替える人も少なくなかった。

　改めて調べてみると、電子オルガン購入者の平均年齢は七〇歳で、その多くが複雑な機能と小さなボタンに戸惑っていることがわかった。それに彼らは、プラスティック製のハイテク機器より、美しい家具調の電子オルガンを望んでいた。なかんずく重要な発見は、電子オルガンの演奏が顧客の自尊心を高め、ほかの演奏者との友情を育て、ひとつのことに熱中しているという満足感を与えていることだった。

　こうした実状をふまえ、フレッチャーは高齢者向けの電子オルガンの製造に乗り出した。高齢者は、ハイテク満載でもあまりユーザーフレンドリーではない日本製の新しいモデルを好まなかったので、製作はイタリアの会社に依頼した。そうして一年以上の月日と二五万ドルの開発費をかけてできたのが、エスティと呼ばれる電子オルガンだった。

　さらにフレッチャーは、エスティの購入者に生涯無料レッスンや無料グループレッスンなどの社交の場も提供した。顧客はそういう場でほかの人と知り合い、友人を作り、いっしょに食事を楽しんだ。

一度は存続さえ危ぶまれたフレッチャーだったが、特定の顧客セグメントに集中してエスティを発売したのちには、家庭向け電子オルガンの世界最大の小売業者となった。一九九三年、エスティはアメリカで売れた家庭向け電子オルガン全体の約二五パーセントを占めた。エスティと高齢者向けのマーケティング活動とを生み出したことで、フレッチャーには壊すべきバリアがなくなったのだ。[4]

小さな顧客セグメントを「作る」

デイブ＆バスターズは、アメリカ国内に「大きな子供」が楽しめる一〇の娯楽施設をオープンして、独自のニッチ市場を作っている。どの施設も面積四五〇〇～五五〇〇平方米で、ターゲットは二五～四四歳。年少者は保護者同伴でないと入れず、二〇歳以下は午後一〇時以降、立入禁止となる。

同社の施設はどれも、ティーンエイジャーがたむろするアーケードからほど遠い、大規模でエレガントなものだ。たとえばビリヤード室には、前世紀の螺鈿《らでん》細工をほどこしたマホガニー製のビリヤードテーブルが並んでいる。レストランには、リネンのクロスがかかったテーブル、真鍮と彫刻された木材とでできた長いバーカウンターがある。

入場者は、テレビゲーム、ピンボールマシン、バーチャルリアリティゲームに加えてネットワーク化されたシミュレーターで、スキー、ジェットスキー、カーレース、バイクレース、スノーボード、またいくつかのセンターでは飛行機操縦も楽しむことができる。さらに実際にスイングするゴルフのシミュレーター（スピード計と本物のクラブつき）では、世界最高の二〇のゴルフコースを体験できる。

大人向けのこのレジャー施設は、まったく新しい市場セグメントを開拓した。ひとつのセグメントに集中するのと同じく、新しいセグメントを作り出せば、克服すべきバリアはほとんどなくなる。

そしてまたバリアを作る

皮肉なことに、商品の受け入れを阻むバリアを壊したり下げたりしたあとは、競争相手から攻撃されないように、顧客のまわりにまたバリアを築かなければならない。目標は、その顧客セグメントに密着して、死ぬまで商品を愛用してもらうことだ。

顧客のまわりに作れるバリアには、おもに次のようなものがある。

● **独占：最高のもの**　独占のバリアは、商品を最高のものにして（または、最高と認知させて）保護する。もっと安い商品はあるし、もっと一般的な商品もあるかもしれないが、この商品こそ、ほかのあらゆるもの（または人）を測るときの基準である。たとえば、ハーバード大学、リッツ・カールトン・ホテル、メルセデス。

●マインドシェア：最大のもの　マインドシェアのバリアができると、人々は条件反射で商品を選ぶようになる。独占のバリアとちがって、その商品は最高である必要はなく、たんに当然選ぶものであればいい（ウィンドウズは明らかにこのカテゴリー）。マインドシェアのバリアができたことは、その会社や商品の名前が動詞で使われはじめたときにわかる。たとえば、グーグル（「ググる」）。

●価格：最安値　価格のバリアは、その商品やサービスが安価であることを武器とする。次に示すマイクロソフトのビル・ゲイツとCNETとのやりとりがすべてを物語っている。

ゲイツ：ウィンドウズの価格を上げれば、OS分野の競争相手を楽にするだけです。なぜウィンドウズの価格をこれほど低く抑えなければならないのか、そこを考えなきゃならない。それがわかって初めて、マイクロソフトがわかるのです。

CNET：ですが、OSについてはマイクロソフトが八〇パーセント以上のシェアを握っているのでは？

ゲイツ：なぜ価格をこれほど低く抑えなければならないのか。考えてごらんなさい。[5]

多くの場合、価格で勝負するぞという態度を見せるだけで、競争相手は怯えて近寄ってこない（価格を下げて利益を減らすことは、実際には誰の得にもならないことが多いのだが）。この会話でビル・ゲイツは、競争相手になりそうな企業に、引っこんでろと言っているのだ。

●カスタマイゼーション：もっとも近いもの　カスタマイゼーションとは、ドン・ペパーズとマーサ・ロジャーズが唱えた考え方で、商品やサービスを大胆かつ積極的に顧客に合わせることを言う。たとえば、日本の眼鏡の小売店パリミキは、顧客のデジタル写真を撮って、さまざまなフレームやレンズを当てはめ、その人の顔にかけるとどう見えるかを示してくれる。[6]パリミキのデータベースに顔を登録した顧客は、別の店でフレームを買おうとはしなくなるにちがいない。

●知識：専門家　知識のバリアは、人々があなたの会社をある分野の専門家と認め、ほかの会社に変えると失うもののほうが多そうだと考えたときに生まれる。たとえば、大手会計事務所のビッグ・ファイブ（フォーでも、スリーでも）は、みずからを知識の専門家と位置づけているので、ふつう企業は、ビッグ・ファイブでない事務所の利用をためらう。また、あまりにも多くの企業がビッグ・ファイブを使っているので、ほかの企業も使わずにはいられなくなる。まわりから、取るに足らない会社、愚かな会社、危ないことをしている会社と見られるのが怖いからだ。

●インフラ：全体像　トマス・エジソンがこれほどまでに有名な理由のひとつは、全体像を理解していたからだ。ほかの発明家がもっぱらフィラメントを加工して電灯を作り出そうとしていたのに対し、エジソンは、ガス灯を電灯に置き換えるには「効率的な発電、配線、計測つきの配電、ソケット、ヒューズ、固定器具」といったインフラが必要であることを理解していた。[7]こうした全体像を描いて運用したからこそ、競争に打ち勝つ強力なバリアを築くことができたのだ。

ちなみに、エジソンは技術者として全体像を把握していただけでなく、すぐれたビジネスパーソンでもあった。電灯の実験を始めてわずか四年後の一八八三年、エジソン・エレクトリック・ライト・カンパニーは二一五の特許を取得し、三〇七を申請中だった。これらの特許を取得したうえに法廷でも熱心に防衛したことで、エジソンの会社はもうひとつ大きなバリアを築いたのだ。おかげで一八八五年には、アメリカの電灯の七五パーセントは同社製だった。[8]

●提携：仲間　全米自動車協会（ＡＡＡ）では、レッカー車のチェーンが、牽引する車のフェンダーに接触しないように、車を高く持ち上げるスペーサーブロックの使用を義務づけている。この単純なブロックを作っているのは、身体障害者の雇用に積極的なある会社だ。もっと安く作る製造業者を探すこともできるだろうが、ＡＡＡは、身体障害者を支援しているというプラスの評判と、製造業者を代えたときのマイナスの評判を比較考量して、この会社を選択した。見事にバリアが組みこまれた関係だ。[9]

トルネードに乗るために

バリアを壊して多くの顧客を喜ばせたら、その商品は安全で抵抗なく買えるものになる。これでキャズムは越えた。需要はぐんぐん高まる。ジェフリー・ムーアはこの状態を「トルネード」と呼ぶ。こうなったときのビジネス戦略は「可能なかぎり速く、効率的に供給する」だ。[10]

この段階では、価格を下げてできるだけ多くの市場シェアを獲得することも重要だ。誰よりも大きな販売基盤を作りたい。そういう基盤ができれば、一〇年間は利益を得ることができる——これはよい知らせだ。

悪い知らせは、遠からずあなた自身が、現状維持のことばかり考える、かつて軽蔑していたろくでなしになってしまうことだ（金持ちのろくでなしではあるけれど）。そのとき先見の明があれば、どこかのガレージにいるふたりが、あなたを滅ぼそうと策を練っているのが見えるはずである。そうなったらもう一度発想を変えて、革命を起こさなければならない。

革命家のための読み物

- *Crossing the Chasm – Marketing and Selling High-Tech Products to Mainstream Customers*, Geoffrey A. Moore, HarperBusiness, 1995, ISBN: 0887307175　ジェフリー・ムーア『キャズム』（翔泳社）
- *Inside the Tornado – Marketing Strategies from Silicon Valley's Cutting Edge*, Geoffrey A. Moore, HarperBusiness, 1995, ISBN: 0887307655　ジェフリー・ムーア『トルネード』（海と月社）
- *Mastering the Dynamics of Innovation*, James M. Utterback, Harvard Business School Press, 1996, ISBN: 0875847404　J・M・アッターバック『イノベーション・ダイナミクス』（有斐閣）

5 エバンジェリストの生み出し方

女性はみずからコントロールできないことで測られる。体のカーブ、またはカーブがないことで評価される。どこが平らで、まっすぐで、丸くなっているか。理想のスリーサイズや、年齢や、ほかの数字によって測られる。彼女の内面とはなんらかかわりのない、外の世界のことで。

どうせなら、みずからコントロールできることで測られよう。どういう人なのか、どういう人になろうとしているのかということで。なぜなら女性は知っているからだ。測ったものはただの統計であり、統計は嘘をつくものだということを。

――ナイキの広告より

アップル成功の立役者

エバンジェリズムということばは、ギリシャ語の eu（「よい」、「うまく」）と angello（「発表する」、「報告する」）から来ている。私はアップルでまさにそれをした。幸運にも、人々の創造性と生産性を高める新しいパソコンがあった。それは、コンピュータ科学の博士や情報サービスのプロでなくても使いこなせ、無限の忍耐力も必要ない機器だった。

アップルに雇われていた私にそんなことを言われても信用できない、と思われるかもしれない。しかし、アップルが何万人というマッキントッシュのエバンジェリスト（「熱狂的で手のつけられない巨大恐竜*」）に恵まれていることは、誰にも否定できない。

こういうエバンジェリストがいたために、マッキントッシュは世界じゅうで成功した。彼らはアップルの社員でもなければ、株主でもなかったが、マッキントッシュは「福音」であると信じ、そのことを人々に伝えた。ユーザーグループを形成して、無料デモをおこない、授業でマッキントッシュを教え、世界じゅうの店にマッキントッシュを陳列させた。

あなたの会社にもこんなエバンジェリストがいたら、またとない幸運を喜ばなければならない。彼らはあなたの手がまわらない時間や場所で、あなたの旗を掲げてくれる。商品に弱いところがあれば、補強して完成させる（たとえば、あなた自身ができないか、したくないテクニカルサポートを提供する）。競争相手が賄賂と劣悪な商品で誘惑してきたときには、対抗してくれる。

練習問題

ワシントン将軍は、一万五〇〇〇人のアメリカ人を説得して、冬のあいだ、ごく少ない食糧と補給品でフォージ渓谷に野営させた。報酬もいっさいなしに、だ。これを可能にした要因は次のどれか。

Ⓐ兵士たちにストックオプションを提供した。
Ⓑ大陸会議にいろいろ貢ぎ物をした。
Ⓒ彼を支援する部下が全員フランス人だった。
Ⓓ当時、アメリカのあらゆる事業は君主制と相容れなかった。[1]

エバンジェリズムに関するFAQ①

革命の最初の九〇パーセントは、商品を生み出すこと。次の段階の九〇パーセントは、それを伝道する《エバンジェライズ》ことだ。革命の初期には、「売上」ではなく、ニュースを広める力を持つ「エバンジェリスト」が不可欠だ。そこで、実践的なビジネス手法としてのエバンジェリズムをいち早

＊このすばらしい表現はスティーブ・ロスによる。

く学んでもらうために、もっとも典型的なQ&Aをあげておこう。

Q　エバンジェリズムとは？
A　エバンジェリズムとは、商品を買うだけでなく、商品、サービス、そして会社そのものをすばらしいと思うあまり、まわりを改宗させずにはいられない人々を生むプロセスである。

Q　エバンジェリズムを始めるには？
A　出発点は、人々に力を与え、彼らの生活を改善するような、すぐれた商品（DICEE）だ。買った人が「これはすばらしい。これで世界がよりよい場所になる」と思わなければ始まらない。

Q　エバンジェリズムとクチコミ宣伝のちがいは？
A　エバンジェリズムを生み出す商品はすべて、クチコミも広げる。だが、クチコミで広まった商品がすべてエバンジェリズムを生み出すとはかぎらない。クチコミはエバンジェリズムに先行するが、エバンジェリズムはもっと自発的で、積極的なものだ。

Q　エバンジェリストは自分のスキルをどんな商品にも使えるのか。
A　ノー。伝道できるのは、心からすばらしいと信じている商品だけだ。別の会社からエバンジェリストを引き抜いても、彼らがあなたの商品を大好きにならないかぎり、同じ成果はあがらない。

Q　エバンジェリストは生まれつきの才能なのか、それとも育てられるものなのか。

A　エバンジェリストは育てられる（でなければ、どうやって私の本を売ればいい？）。人生を変えるほどの商品を生むか、それらに魅了されたとき、人は誰でもエバンジェリストになる。エバンジェリストとして生まれてくる人はいない。

Q　エバンジェリズムとセールスはどうちがう？

A　エバンジェリストは他者の利益を最大にしたいと考えるが、販売員は自分の利益を最大にしたがる。たいていのエバンジェリストは、その商品の会社の従業員でも株主でもない。

Q　伝道できない商品はあるのか？

A　すぐれたマーケターは、どんな商品も平凡ではないという。すぐれたエバンジェリストは、どんな商品も誰かにとって「福音」なら伝道できるという。伝道の力は、商品を見る者のなかにある。

エバンジェリズム誕生までの具体的ステップ

一九八四年にマッキントッシュの伝道を始めたとき、私たちは何をしているのかわかっていなかった。無知こそ祝福なりである。知らなかったからこそ、伝統的な営業では無視されてきた会社や人々を探して、支援してもらうことができた。しかし、それから一四年の経験を積み、私はエバンジェリズムについて無知ではなくなった。

エバンジェリズムには、次のような段階がある。

事実に感情を加える

エバンジェリズムはすぐれた商品から始まる。すぐれた商品の特徴は、メガヘルツ、馬力、メガバイト、ＢＴＵ、インチなどで測定される「事実」である。多くの人は、次の古典的な公式で成功が導かれると思っている。

$$成功 = \frac{事実}{価格}$$

この場合、成功を増やす方法はふたつある。分子（事実）を大きくするか、分母（価格）を小さくするかだ。前者はすなわち、顧客が望む特徴をもっと増やす、つまり、商品をもっと大きくしたり、速くしたり、機能的にしたりすること。一方後者は、同じ事実の組み合わせに対して価格を下げることである。[2]

これに対してエバンジェリズムは、第三の方法を示す——分子の「事実」に「感情」を加えるのだ。

$$成功 = \frac{（事実＋感情）}{価格}$$

本章の最初に引用したナイキの広告を思い出してもらいたい。これは女性向けのエアロビクスシューズの広告だが、事実に感情をどう加えているかがわかるだろう。エアロビクスシューズに関する「事実」は、デザイン、テスト、製造だが、ナイキはそうした事実に、力、有効性、独立といった意味を与えた。

事実に感情を加えない（愚かな）会社なら、女性たちにこう言うだろう。「この靴の素材はコットンと革とゴムです。あなたは一〇〇ドル持っている。その一〇〇ドルをいただければ、コットンと革とゴムをさしあげましょう」

よく聞き、反復する

あなたの革命を受け入れる人は、自分がどう伝道されたいかを教えてくれるものだ。私がこのことに気づいたのは一九八四年、マッキントッシュをソフトウェア開発者に売りこんでいたときだった。そのときの開発者との打ち合わせで、私は三つの売り文句を使った。

●マッキントッシュはテクノロジーの大変革である。画面で見たままの印刷、プルダウンメニュー、アイコンによるインターフェイスなどによって、これまで夢見ていたソフトウェアをついに開発できるときが来た。

●マッキントッシュはパソコン市場を広げるので、あなたのソフトウェアも広く普及する。並はずれて使いやすいことから、いままでコンピュータを買おうなどと考えたこともなかった人もようやく買うようになる。

●マッキントッシュのソフトウェアを作れば、リスクの分散になる。IBMが作っているMS－DOSのアプリケーションソフトはあなたの商品と競合するから、現在の市場は激戦区になるかもしれない。

少しでもマッキントッシュのソフトウェア開発に関心を持っている相手なら、三つのうちのどれかにかならず共感を示した。そうしたら、残りのふたつは引き下げ、開発者が興味を示したひとつに焦点を当てればよかった。

そこで教訓。エバンジェリズムの売り文句をいくつか用意して、それぞれ短く説明し、相手がどれに共感するかを観察すること。相手はおのずと、どういうふうに伝道されたいかを語ってくれるはずだ。

千の花を咲かせよう

私たちは、マッキントッシュを成功させるソフトウェアはどれか理解しているつもりだった。それはロータスのスプレッドシートであり、マイクロプロのエディタであり、アシュトンテイトのデータベースであるはずだった。だが、私たちは三連続ではずした。

そしてそのころ、見知らぬ会社の見知らぬ人が、見知らぬ商品を持ってアップルに現れ、レーザーライター（マック向けレーザープリンタ）のプロダクトマネジャーと話し合った。彼の名はポール・ブレイナード、会社はアルダス・コーポレーション、商品はページメーカーだった。ページメーカーはデスクトップパブリッシング（DTP）という花畑を広げたソフトウェアで、結局、アップル・コンピュータはDTPのおかげで生き延びたのだった。

アップルにいた誰も、DTPという市場が生まれるとは思っていなかった（アップルに関するほかの本には、ちがうことが書かれているかもしれないが)。糊やテクニカルペン、定規、カッターナイフ(アナログの道具)を、マッキントッシュ、レーザーライター、ページメーカー(デジタルの道具)に置き換えようなどと思った人間はいなかった。アップルの誰ひとりとしてページメーカーの仕様書を作らなかったし、そんな商品を伝道してほしいと私に言った人もいなかった。

ページメーカーは天の賜物《たまもの》であり、ひとりで咲いた花だった。私たちはそれを探してもいなかったし、計画にも入れていなかった。つまるところ、商品が最終的にどう使われるかは、製作者の意図とは別にあるということだ。電話が最初、ブダペストで開かれたコンサートを放送するために使われたことをご存じだろうか。エジソンが蓄音機を商用通信の道具として売りこんだことは?

ここでの教訓は、種をたくさんまき、千の花を咲かせようということだ。みんなにどんどん商品を使ってもらい、思ってもみなかった使用法を編み出してもらうのだ。あなたが考える使用法で商品を制限してはならない。予想外の使い方が、あなたのページメーカー(ニッチメーカーと言うべきか)になって、会社を救ってくれるかもしれないのだから。

練習問題

ジェイムズ・ワットは蒸気機関を何に使ったか。
Ⓐ機関車の動力
Ⓑ採掘坑から水を抜くポンプ
Ⓒ潜水夫に送る空気
Ⓓ工場のベルトコンベア

流れに逆らわない

運よくいくつかの花が育ったら、次のステップはその流れに乗って勢いをつけることだ。完全なソリューションを作り、商品の可能性をすべて引き出し、ニッチ市場をつかむ。例として、身近なものの意外な起源を紹介してみよう。

アトリー・バーピー　ワシントン・アトリー・バーピーはもともと鶏の専門家だった。高校時代に鶏関係の雑誌にいくつか記事を発表したあと、実家を事務所にして鶏肉の通信販売を始めた。しかしほかの家畜の飼育も手がけるようになり、さらに一八七八年には、飼育動物に高品質の餌を与える目的で種の販売も始めた。

すると本人も驚いたことに、種の注文のほうが家畜の注文より多くなった。そこで今度は、野菜や果物や花の種を通販カタログの中心に置いた（千のキュウリの花を咲かせよう?・）。こうして彼の会社は種苗の大手販売業者に成長し、鶏と牛の販売は下火になった。[3]

SOSソープパッド　一九一七年、エドウィン・W・コックスはサンフランシスコでアルミ鍋の訪問販売をしていた。まだアルミニウムの調理器具のよさが知られていないころだ。販売はまったくふるわず、商品を主婦に見てもらうために無料のプレゼントを用意しなければならなかった。

だがあるとき、主婦が鍋にこびりついたこげつきを取り除くのに苦労していることを知ったコックスは、スチールウールのパッドを石鹼水に浸すことを思いついた。その無料のソープパッドがおおいに受けたので、アルミ鍋はやめて、パッドのほうを売りはじめた。自分の妻が「うちの鍋の救世主」と呼んでいたことから、コックスはそれをSOSソープパッドと名づけた。[4]

クリネックス　第一次世界大戦時、綿が不足したのを受けて、キンバリー・クラークは包帯やガスマスクのフィルター用に、セルコットンという吸収剤を開発した。そして戦後、同じ素材をシート状に加工して、すばらしい商品に仕上げた――コールドクリームのリムーバー用ティッシュである。これを「クリネックス・カーチーフ、衛生的なコールドクリーム・リムーバー」という触れこみで売り出すと、ハリウッドやブロードウェイのスターたちがこぞって化粧落としに使った。

さらに、顧客がこの商品を使い捨てのハンカチとして使っているという情報を入手したクラークは、一九二一年にアンドリュー・オルセンというシカゴの発明家が考案した、次々と紙を引き出せるティッシュ箱を採用して、クリネックスをさらに完成に近づけた。

そして一九三〇年、商品のポジショニングに関して会社経営陣で意見が分かれたことから、イリノイ州ペオリアで市場調査をおこなった。顧客に無料のクリネックスひと箱を進呈する代わりに、二枚あるクーポンのうちどちらか一枚を返してもらったのだ。一方のクーポンには「クリネックスはコールドクリームを落とすのに最適」、もう一方には「クリネックスはハンカチとして使うのに最適」と書かれていた。回収されたクーポンは、その六一パーセントがハンカチ代わりを支持していた。それ以来、私たちはクリネックスで鼻をかんでいる。[5]

この三つの例で、流れに乗るという考え方がわかったと思う。どれも偶然の出来事から新しいチャンスが生まれた。チャンスがはっきり見えたら、あなたも幸運をつかんで商品を完成させ、まだ見ぬ市場に提供しよう。

練習問題

次の問いに答える小論文を書きなさい——賢明であることより、幸運であることのほうが望ましいのはなぜか（ただし、幸運が訪れたときにわかる程度には賢明であるとする）。

「最初の簡単なステップ」を用意する

ものごとがいい方向に動きはじめたら、簡単に踏み出せるステップをひとつ用意しよう。革命的な変化は往々にして人々を怖がらせ、抵抗を生んでしまう。だから、初期の顧客がなんの抵抗もなく入ってこられるような、簡単でわかりやすい方法を提供しなければならない。

それを示すエピソードがある。一九〇〇年、法学部生から販売員になったウィリアム・コールマンは、オクラホマ州キングフィッシャーで新ブランドのガソリンランプを売っていた（電灯が一般的な光源になるまえ、世の人々が使っていたのはたいていガソリンランプだった）。あるとき彼は、六〇軒ほどの家を訪ねてセールスしたが、少しも売れない。暗くなってからも開いている店がこれほどある町でどうしてランプがふたつしか売れないのだろう？　そう思っていると、ある酒場の店主が、別の販売員からガソリンランプを何ダースも買ったが、その販売員が町からいなくなったあと煤が詰まって使えなくなったと言うのを聞いた。[6] そのせいで人々は、もう二度とだまされないぞと身構え、疑り深くなっていたのだ。

コールマンは作戦を練り直した。そして、自分は商品ではなく店を長く開けていられる便利さを売っているのだと気づくと、ビジネス向けにランプを貸し出すことにした。一五ドルの一括払いでランプを買ってほしいと言う代わりに、週一ドルで貸し、壊れた場合には返金も保証したのだ。

店主にとってリスクが少ないこのサービスのアイデアは見事に成功し、デモに使った一二個のランプすべてを設置することができた。

ちなみにコールマンは、今日のように電灯に切り替わるはるかまえに、ガソリンランプの販売ターゲットをキャンパーや釣り人、その他のアウトドア志向の人々に移してもいた。

話は変わってそれから九三年後、今度はカリフォルニア州メンロパークのメンロパーク長老派教会が、「最初の簡単なステップ」を用意した。この教会では、五〇〇〇人の教徒が讃美歌の歌詞と演奏者を見られるように、教会内に巨大なビデオ画面とモニターを設置したのだが、そのハイテク機器の初披露に、洗礼を受ける天使のような赤ちゃんたちの顔を映し出したのだった。これに異議を唱える人がいるだろうか。

エバンジェリズムに関するFAQ②

さて、FAQの第二弾である。より進んだ質問も入れておいた。

Q　ある人が私の商品(あるいは大義)のすぐれたエバンジェリストになるかどうかは、どうしてわかるのか。

A　「……見ずに信じる者は幸いです」[7]。いちばん重要なのは、その人があなたの商品を愛し、信じていること。どんな学歴や職歴より、そういう想いを抱いているかどうかが、エバンジェリストとしての成功のカギだ。だから、経歴はすばらしいが商品には情熱を持っていない人より、とにかくその商品が大好きな人を選ぶべきだ。

そしてもうひとつ。最高のエバンジェリストは、あなたが見つけるのではない。彼らのほうがあなたを見つけるのだ。あなたから探す必要はない。黙っていても彼らはあなたを突き止め、どうしても仲間に入りたいと言ってくるだろう。

Q　ある人がこちらの大義を受け入れるかどうかは、どうしてわかるのか。

A　目を見ればわかる。受け入れているか、いないかのどちらかしかない。最初の五分で受け入れなければ、永遠に無理である。どれほど成功に欠かせない人であるような気がしても、すぐに受け入れない相手はあきらめ、もっと緑の多い牧場を探したほうがいい。

Q　最近では多くの企業が「エバンジェリスト」という職種を設けている。本物のエバンジェリストかどうかを、どうやって見分ければいいのか。

A　最終テストは、彼らが誰の利益をいちばんに考えているかだ。会社の利益か、伝道の対象となる人々の利益か。本物のエバンジェリストなら、人々の利益を考える。

Q　エバンジェリズムを重んじる会社では「自分のもの」という感覚が大切だが、それはどう育てればいいのか。

A　不見識と言われるかもしれないが、自分のものという感覚を「育てる」ことはできない。現実を見れば、その感覚はすでに存在するか、しないかだ。したがって、自分のものという感覚を生み出したいのなら、人々が進んで貢献したくなる環境を作るしかない。この感覚はだましが利かないのだ。

Q　エバンジェリストとして、またエバンジェリストを束ねるマネジャーとして、どうやって興味を持続すればいいか。

A　エバンジェリストはスリルが大好きだから、一度成功したあとも、興味を持続するのはむずかしい。最先端分野の伝道は三～五年が限界、エバンジェリストはそのあと別のことに挑戦しなければならない。これを念頭に置いて計画することだ。

Q　エバンジェリストはどうすれば狂信者のように見られないですむか。

A　これは引っかけ問題だ。この問いには、狂信者のように見られるのは好ましくないから避けるべきだという前提があるが、その前提自体が正しくないかもしれない。「狂信的《ファナティック》」の定義は「理不尽なほど熱心な」だ。はちまき締めて突進しろと言うつもりはないが、理不尽なほど熱心になるべきときや場所はある。現状維持に熱心な人だって、場合によっては「理不尽なほど変化に抵抗する」ことを責められていい。

Q　エバンジェリストとして働いて、もっともつらかったことは？

A　必死で伝道したのに、マイクロソフト・ウィンドウズが世界を支配するのを認めざるをえなかったこと。

革命家のための読み物

- *Panati's Extraordinary Origins of Everyday Things*, Charles Panati, HarperPerennial, 1987, ISBN: 0060964197　チャールズ・パナティ『物事のはじまりハ?』（フォー・ユー）
- *Selling the Dream – How to Promote Your Product, Company*, or Ideas and Make a Difference Using Everyday Evangelism, Guy Kawasaki, HarperBusiness, 1992, ISBN: 0887306004　ガイ・カワサキ『夢を売る』（東急エージェンシー出版事業部）

6 「デスマグネット」を回避するために

習慣が定着する度合いは、総じてその馬鹿さ加減に比例する。
——マルセル・プルースト

地雷は通りやすい道に潜む

「デスマグネット」とは、M60戦車部隊を率いたジム・ジョーンズ元中隊長が作ったことばである。[1] 彼は、カリフォルニア州フォート・アーウィンにあるアメリカ陸軍のナショナル・トレーニング・センターで、このことばを思いついた。

そのセンターで、研修にきた陸軍の旅団が、実戦意識を高めるために現地のチームと「砲撃シミュレーション」をおこなっていたとき、ジョーンズはおかしなことに気づいた。訓練中の戦車の隊長がみな、ほかの戦車が「殺された」場所をわざわざ通りたがるのだ。「死んだ」戦車がたまりすぎて、動ける戦車がほとんど通り抜けられなくなっても、彼らはそこを通りつづけた。ジョーンズはそういう場所を「デスマグネット（死の磁石）」と命名した。

戦地のデスマグネットはほかにもある。戦車は山地や樹林帯をすばやく動けないし、川や渓谷や運河も渡れないことがある。だから隊長は、戦車を平地や谷底、ハイウェイ沿いや道路に進めがちだ。それを知っている敵は、地形と障害物を利用して相手を死地に導く。戦闘経験のある（生き残った）兵士は口をそろえて言う。「通りやすい道には地雷が埋まっている」。通りやすい道もまた、デスマグネットなのだ。

ビジネスの世界にもデスマグネットはある。それは、企業を誘惑しつづける伝統的な習慣や思考パターンだ。戦闘に勝利する戦車隊長のように、革命家もそれらを避けなければならない。

代表的な一〇のデスマグネットを説明しよう。

デスマグネット① まず低いところにある果物から取る

次のようなデスマグネット的思考がある。

発売初期に（よくわからずに）現れるマニアやおたくは、新しい機器が出るとほぼ無差別に買いこむ。彼らはいわば低いところにある果物だから収穫しやすい。彼らの金と信用を手に入れよう。

だが、このたとえは「農業的」にも正しくない。低いところにある果物を先に取ってしまったら、重い袋を持って梯子をのぼらなければならない。それに、高いところにある果物のほうがもっと太陽の光を浴びて熟している。だから、低いところより高いところにあるものを先に収穫すべきだ。[2]

そしてもちろんビジネスにおいても、このたとえは正しくない。

●重い袋を持ってのぼる　アーリーアダプターの集団は危険だ。新しい機能が大好きだから、あなたの商品にあれこれ機能を要求し、それが「重い袋」になる。商品を誰にでも使えるようにシンプルにしたいと主張しても、彼らはそれを怠慢か愚かさと見なす。

●ほかの果物のほうが熟している　大工仕事を簡単にする革命的な電動工具を発明したと仮定する。工具にくわしいプロの大工にすぐ売れると思うかもしれないが、彼らはあまり新しい工具を買わない。むしろ自分には革命的な工具など必要ないというプライドがある。本当に熟した果物は、まだそれほど大工仕事がうまくなく、使いやすい工具の価値がわかる日曜大工の人たちなのかもしれない。

すでに述べたとおり、私はかつて、4Dというハイエンドのリレーショナル・データベースを販売するソフトウェア会社の社長だったときに、低いところにある果物に飛びついてしまった。4Dのパワーと豊富な機能を愛する、データベースの専門家やプログラマーは、すぐに機能の追加を求めてきた。結局、商品の使いやすさに焦点を絞れず、テクノロジーにくわしくない人々のいる広い市場には売りこめなかった。

問題が生じやすいのは、低いところにある果物で得た経験を、単純にほかの市場に当てはめたときだ。専門家の市場は「一般市場」には複雑すぎ、一般市場に適したものは専門家にとって物足りない。たんに手近にある果物ではなく、戦略に合った果物を取ることが肝心だ。

デスマグネット② いまのほうがまし

自分の商品を旧バージョンや競争相手の商品と比べて満足するのが、「いまのほうがまし」のデスマグネットだ。たしかに旧バージョンや競争相手の商品は貧相に見えるかもしれない。だが、たとえばウィンドウズの初期バージョンは、多くのDOSプログラムに比べれば大きく改善されていたものの、新しく使う人の観点からはまだまだ使いにくいものだった。

いまのあなたの商品はましかもしれないし、ほかより上かもしれないが、絶対的にすぐれたものだろうか。このデスマグネットに囚われた企業は、市場の現実をきちんと把握している他社にチャンスを与えてしまう。自社の最新商品を、その問題に関するすべてのソリューションと顧客ニーズに照らして評価する企業にこそ、栄光は訪れるのだ。

そのための指針をひとつ。革命家は最適なソリューションを実現するために努力すべきであって、実現可能なソリューションを最適化してはならない。

デスマグネット②-a 粗悪化の誘惑

「いまのほうがまし」と関連して、「粗悪化の誘惑」というデスマグネットもある。これは、コストを大幅に削減するために品質を少し落とす、というものだ。「性能をいまの九五パーセントにして、製造費が半分になるバージョンを作ろう」というように。

ビールの醸造所が、味はほとんど落ちないが格段にコストが安くなる製法を採用したとする。この新商品なら価格競争に負けない。しかし競争相手も低価格を打ち出してくるので、さらにほんの少し質を落として価格を下げる。これが続くと、そのビールはひどい味になる。

このサイクルを何度かくり返すうちに、革命的どころか売れもしない飲み物ができた——それが一九七〇年代のシュリッツに起きたことだ。[3]

デスマグネット③ 予算がすべて

こういう経験はないだろうか。会社にチャンスが訪れる。いくらかリスクはある（すなわち、追加費用がかかる）が、うまくいけば得られるものは莫大だ。そこで追加資金を申請するが、いつも同じ文句で拒否される――「予算がない」。

絶好のチャンスかどうかは関係ない。限界収入が限界費用を上まわることも重要ではない。ほかの案件から資金を移せるかどうかも関係ない。とにかく何も考えず、反射的に「だめだ」という。これが「予算がすべて」のデスマグネットである。

現実には、予算が問題になることはまずない。「予算がすべて」になるのは、リーダーシップが足りないか、コミュニケーションが不足しているか、内輪もめが激しすぎることの現れだ。

●リーダーシップ　私がアップルで働いていたのは、無能なリーダーシップが幅を利かせていた時期だった。優秀なリーダーがいたときには、予算は状況やチャンスに応じて変わる「生きた」文書だったが、リーダーシップがなくなると、会社を支配するようになった。「予算がだめだと言っている」というふうに、まるで「人」のように語られていた。

●コミュニケーション　会社の上層部が、（伝える能力がないか、何も伝えることがないために）戦略的な方向性を伝えられなくなると、予算が会社を支配するようになる。どのプロジェクトや市場が重要なのかを誰も教えてくれないので、それぞれの活動に割り当てられた金額の大きさがそのまま社内の優先順位だと思ってしまうのだ。

●内輪もめ　会社のなかで政治的内紛や派閥争いが盛んになると、予算が境界を定める休戦協定の役割を果たす。北のマーケティング、南のエンジニアリング、東の経理、西のサービスといった領地の境界線になって、会社はそもそも一国であるという事実がなおざりにされる。

現実にあった例をふたつ（罪人保護のために社名は伏せる）。

ある運送会社は、輸送機の乗組員を民間航空機で本国に呼び戻す際、航空会社二社のうち、運賃がひとりあたり五〇ドル安いほうを使った。だが、こちらはもう一社より飛行時間が二時間半長かった。二時間半の人件費は五〇ドルをはるかに上まわるのだが、予算上、別会計だからかまわなかった。

また、ある自動車工場はコスト管理を徹底しようと、固定費と変動費からなる予算を完全に固定費だけの予算に切り替えた。ご存じのように、コストには増えたほうがよいものもある。売上が伸びて生産が増えることによる光熱費などだが、残念ながら、完全固定費の予算では車を作りすぎると予算をオーバーしてしまう。解決策？　生産台数を減らしたのだ。[4]

予算は王ではなく、農民だ。この農民は、王と王妃、王子や王女たちが国のために力を合わせているときだけ、いっしょに働く。

デスマグネット④ 一貫性の罠

一貫性はすばらしい場合もある。そのおかげで、無用の脱線や混乱や迷いなしに生活することができる。一貫性は知的、道徳的な安定をもたらし、正しい判断をうながす。しかし、一貫性のそういうプラスの面は、独立した考えを妨げるデスマグネットにもなりうる。

アリゾナ州立大学の心理学教授、ロバート・B・チャルディーニは、著書『影響力の武器』（誠信書房）のなかで「一貫性信仰」の魅力について次のように説明している。

第一の魅力は、人生の近道を提供してくれること。一貫性信仰にもとづいて何かを決めてしまえば、自説を考え直す必要も、矛盾をはらむ新しい情報を分析する必要もなくなる。[5] 次のような管理者の決まり文句を憶えているだろうか——「IBMを買ってクビになった人はいない」。これが結局、最善ではないコンピュータの購入につながる。顧客にとっても、IBM自身にとっても不幸なことだ。

第二の魅力は、心の平安だ。時間の節約だけでなく、心を乱される情報と対決する必要がなくなる。[6] 無知は祝福だが、最善の選択を妨げる可能性もある。「インターネットで直接うちの商品を買いたい客など放っておけ。われわれはずっと再販業者を使ってきた」というように。

では、一貫性の罠にはまらず、つねに最善のものを選ぶにはどうすればよいか。そのためには、まちがった決定から抜け出せないと思ったときには闘い、逆のことをやり、一度外に出て、時間を稼ぎ……とにかくあらゆることをして、おとなしくしたがわないことだ。

練習問題

何年もまえ、ウィンドウズ1・0を試した人がいた。マッキントッシュの足元にも及ばない製品だったので、それからは二度とウィンドウズマシンを使わなかった。この人は――

Ⓐ賢い
Ⓑ仕事ができる
Ⓒ愚かなまでに一貫している

何年もまえ、マッキントッシュ128Kを試した人がいた。キュートだがパワフルではない製品だったので、それからは二度とマッキントッシュを使わなかった。この人は――

Ⓐ賢い
Ⓑ仕事ができる

Ⓒ愚かなまでに一貫している

デスマグネット⑤ イエスだらけ

ビジネスパーソンに「薄く広く」か「深く狭く」のどちらかを選ばせれば、ほとんどは「薄く広く」を選ぶだろう。これが「イエスだらけ」のデスマグネットだ。

誰しも自分の商品がニッチ市場に閉じこめられることを怖れる。成長の可能性やプラスの潜在能力を制限してしまうのが怖いのだ。

だからみな「イエス」と言いつづける。イエス、マッキントッシュは会計向きのコンピュータです。イエス、マッキントッシュは出版向きのコンピュータです。イエス、回路設計にも向いています。イエス、フォーチュン500企業の経理部門で力を発揮します。

イエス、コンピュータを学校に売ろう。イエス、学校に販路を持つ業者を通そう。イエス、全国規模の大企業にも売ろう。イエス、大企業向けの営業部門も作ろう。イエス、コンピュータをインターネット経由で直販しよう。

その目標は、「大市場」を作り出し、広く受け入れられたあなたの商品を誰もが買うことだ。立派である。しかし、ここに至る道は険しい。革命的な商品がいきなり大市場を作り出すことはめったにないからだ。

ジェフリー・ムーアのことばを借りれば、あなたはバリアを壊し、ニッチ市場をひとつずつ支配して、権利を獲得しなければならない。つまり、「ノー」と言うことによってニッチ市場に集中し、そこを完全に満足させたあとで、ほかの市場に移るのだ。すべての市場を同時に狙う無差別攻撃のアプローチはあまりに危険である。

デスマグネット⑤-a 商品に下位互換性を

下位互換性とは、新しいハードウェアで古いソフトウェアを動かしたり、古いハードウェアで新しいソフトウェアを動かしたりすることを指す。たとえばCDプレーヤーでカセットテープをかけたり、カセットプレーヤーでCDをかけたりすることのむずかしさを想像してほしい。これは、ハイテク業界に蔓延する「イエスだらけ」のデスマグネットだ。

この考え方の基本にあるのは、下位互換性がないと顧客に余計なトラブルと出費を押しつけることになるというものだ。たしかに、9章で述べる「自分がやらないことは人にも頼まない」の方針には沿いそうだが、下位互換性には「ノー」と言わなければならないときもある。理由は次のとおり。

● 作業量が増えるので、開発に時間がかかる。

●妥協が必要になり（すでに充分妥協しているというのに）、最高の商品をめざせなくなる。
●エレガンスを損なう。この装置は整形した旧商品なのか、本物の革命的商品なのか？

このジレンマの解決策は、商品の「進化的な」改善のときにだけ下位互換性を組み入れることだ。「革命的な」飛躍のときには、人々が下位互換性など気にもかけないほどのイノベーションを起こすのだから。

デスマグネット⑥うちのブランドは「狩猟許可証」[7]

売上を増やすために、一見強力なブランド拡大をしようとすると、たいてい残念な結果になる。慢心から始まったもの（「うちのブランドはパワフルだから、ほかの市場にも充分進出できる」）は、たいていがっかりで終わる（「ほかの市場では成功できず、成功していた市場でもイメージが落ちた」）。

GMは、キャバリエというシボレーの小型車を、キャディラック・シマロンと改名して売って、キャディラックのブランドを傷つけた。[8] また、一九七〇年代に、ベビーフードの壜に入った大人向けのグルメ食品のブランド、シングルズを発売したガーバーは、愚か者だと思われた。[9]
使い捨てのボールペン、ライター、カミソリなどで有名なビックも、一九八〇年代にパルファン・ビックという香水を売り出して失敗した。[10]

練習問題

正しいか、まちがいか。

Ⓐ衣料品メーカーのフルーツ・オブ・ザ・ルームは、一九七七年に洗剤を発売した。

Ⓑエクソンは、一九八五年にオフィスオートメーション分野に乗り出した。

Ⓒ衣料品メーカーのバナナ・リパブリックは、一九八八年にトリップスという旅行雑誌を創刊した。[11]

デスマグネット⑦ アウトソーシングで節約

一九九五年、ある大手印刷会社の経営陣が、印刷管理用のソフトウェアを自前で作る代わりに、外部の請負業者と契約して既製品を導入した。[12]

だがその結果、長年勤めて印刷業務をよく理解していたプログラマーが減り、会社や顧客のことをほとんど知らない契約業者が入ることになった。社内にプログラマーがいたときには、職場の仕切り越しに簡単に話し合うことができたが、いまやプロジェクトは遅れ、予算はオーバーし、ミスが頻発するようになった。これらすべては、アウトソーシングで管理コストを減らすというデスマグネットに、経営陣が捕らえられたせいだ。

アウトソーシングは、一時的な必要を満たしたり（年に一度の営業会議の設営など）、競争上の利点にならない機能を補ったりするときには役に立つ。たとえばオラクルなどのハイテク企業では、コピーセンターの運用をゼロックス・ビジネス・システムズに外注している。オラクル自体がコピーセンターをどれほど見事に運用しようと、競争上の優位にはならないからだ。

しかし、概してアウトソーシングは近視眼的な方法である。節約しているのだと自分をだましているうちに、実際には出費が増え、会社にとっていちばん大切な能力を失ってしまう。

デスマグネット⑦-a 働きづめ

アウトソーシングのデスマグネットを避けようとして、働きづめになるのもまずい。働きすぎること自体がデスマグネットだからだ。

●世に出した商品を広めるためには、精神的、肉体的、感情的な余裕を持たなければならない。「革命」はトライアスロンであって、百メートル走ではない。長距離に耐えるスタミナと、創造、改善、エバンジェリズムといった、いくつものスキルが必要だ。

●つねに働いていると、情報の収集、消化、拡散の時間がなくなり、「鳥のように食べ、ゾウのように排泄する」ことができなくなる（この意味は次の章で）。

●仕事にかける時間のほうが、仕事の成果より計測しやすいので、ついまわりより早く出社して遅く退社したいという衝動にかられる。誰よりも長い時間、一生懸命働く自分は偉いと思いこむのもたやすい。

あなたには、次のように発想を転換してほしい。オフィスの建物が、たとえば午前八時から午後六時というふうに、決まった時間にしか開いていないと想定し、それ以外の時間にはぜったい誰も働かせないことにする。出勤時間がかぎられている（この例では一〇時間）と思えば、社員は仕事に集中し、打ち合わせは短くなり、みんなが少し健康になるはずだ。

デスマグネット⑧ サルがゴリラのまねをする

ここで紹介する例を探していたときに、本書のメーリングリストに入っているルイス・ムーアというメンバーが、キプロス鉱山株式会社のキプロス島支局長の下で管理事務をしたときの体験を話してくれた。その会社の消滅にまつわる内幕だ。

一九一七年、伝説のソロモン王の金鉱を見つけるために、ひとりの鉱山技師が中東に送りこまれた。彼はシナイ半島とエジプトをくまなく探したが発見にはいたらず、結局キプロス島にたどり着いた。地元の人々は資金も使い果たした彼に同情して、ところどころ土の色が変わっている丘へと案内した。それを見た技師は、地表のすぐ下に銅があることに気がついた。運搬に絶好の港から二〇キロと離れていないところに、正真正銘の銅山が見つかったのだ。

こうしてキプロス鉱山という会社ができ、第一次世界大戦の終わりから繁栄した。ところが、現金を大量に蓄えた一九六〇年代なかば、鉱業をまったく知らない社長を雇い入れたことで状況が変わった。この新社長は、まず社屋の拡大と模様替えに取り組んだ。さらに巨大コングロマリットをまねて、アメリカ北西部の材木生産、ハワイのセメント工場、輸送会社、オーストリアとカナダでの鉄鉱の大プロジェクトなど、事業の多角化を進めた。

その結果、(銅の価格下落の影響もあったものの)同社は莫大な負債を抱えることになった。関連会社はほとんど売り払われ、従業員もほとんどいなくなり、抜け殻がアモコ社に売却された。そこから消滅までは時間のかかる苦しいものだった。

こんなことになったのは、成功したサルがゴリラのようにふるまうことで、ゴリラになろうとしたからだ。まちがった考え方である。ゴリラはゴリラの国で育つからこそ、ゴリラになる。サルがまねても、ゴリラにはなれない。

練習問題

ソフトウェア会社を創設したあなたは、自社をソフトウェア業界のゴリラの王様、マイクロソフトのように大きくしたい。次のどの活動をまねれば、サルはゴリラになれるだろうか。

Ⓐ印象的なイメージ広告を展開する。
Ⓑ見本市で巨大展示ブースを設ける。
Ⓒ実績のある再販業者だけを使って販売する。
Ⓓ豪華なカクテルパーティつきの記者発表をおこなう。
Ⓔひたすら商品を改善する。

デスマグネット⑨ 市場シェア拡大で利益率が上がるから、価格を下げよ

あらゆるデスマグネットのなかでもっとも危険だが、いたるところで受け入れられているのがこれだ。信奉者は、たいてい男性ホルモン過多のヤッピー経営者で、価格を下げてシェアを拡大し、競争相手を追い出し、市場を支配すれば、利益率が上がると思っている。

だが、この考えには少なくとも三つのまちがいがある。

●市場シェアと利益率に相関があるのはたしかだが、市場シェアが利益率上昇の原因とはかぎ

らない。[*] すぐれた商品、すぐれたマーケティング、すぐれたサービスこそが利益率を上げ、市場シェアも上げるのだ。

●利益率（および市場シェア）の上昇を妨げている要素は、価格ではないかもしれない。たとえば一九九七年、マクドナルドは市場シェアを増やそう（またおそらく将来の利益率を上げよう）として、バーガーキングに価格戦争をしかけた。[**] だが多くの人は、売上の伸びを妨げているのは価格ではなく、商品の質だと思っていた。そこで教訓——簡単そうなもの、誰の目にも明らかなものではなく、「壊れているもの」を修復せよ。

●直感に反するし、常識はずれと思われるかもしれないが、市場が成長しているとき、成功する企業はシェアを失うほうを選ぶこともある。そこで事業や諸経費を抑えておけば、不況になったときに（不況はかならず来る）、抜群の競争力を持つことができるからだ。

市場シェアは「原因」ではなく「結果」と考えよう。すばらしい商品とすばらしい顧客サービスがあれば、「結果」として市場シェアが増え、かならずや健全な利益を得ることができるだろう。[13]

デスマグネット⑩ 最高の商品が勝つ

すべて持てる人は、与えられていよいよ豊かならん。[14]

もし本当に「最高の商品が勝つ」のなら、ビル・ゲイツはいまごろスターバックスでエスプレッソを作り、賃貸アパートに住んでいるだろう。残念ながら、競合商品がとりあえず充分な機能を備え、すばやく巧みにマーケティングや宣伝や改善をおこなった場合、最高の商品が勝つとはかぎらない。

なぜか？　収穫逓増《ていぞう》の法則があるからだ。商品は売れれば売れるほど、よりいっそう売れやすくなる。ほかの商品のほうがすぐれていることもあるが、人々は売れている商品から離れられず、たとえ劣っていても販売は雪だるま式にふくれ上がる。

古典的な例が、ＱＷＥＲＴＹキーボードだ。これはタイピングの効率からすれば、最高のキー配列ではない。もともとは古い機械式タイプライターのキーより速く指を動かせるタイピストの速度を落とすために考案されたものだ。だが、ほかの設計に先んじて市場を支配したため

＊高利益率の会社の幹部の多くは高級ドイツ車に乗っているが、だからと言って、幹部全員にドイツ車を買い与えても会社の利益率は上がらない。

＊＊価格設定に関する最高の本は、トーマス・Ｔ・ネイゲルとリード・Ｋ・ホールデンが書いた『プライシング戦略』（ピアソン桐原）だ。この本のすばらしいところのひとつは、ハードカバーが二八ドル五〇セント、ペーパーバックが五五ドルで、アマゾン・ドットコムでも割引をしないという点だ。私は、人に教えることをみずから実践する人が大好きだ（そう、ペーパーバックはハードカバーよりコストがかかるのだ！）

に、タイプライターが機械式から電動式になり、コンピュータになっても使われている。

今日では、どれほどすばらしいキーボードの配列が考えられようと、それが普及して新たな標準になることはありえないだろう。しかし、ここが革命家の出番だ。たとえば音声入力のような従来とまったくちがう入力方法が出てくれば、QWERTYキーボードもMS-DOSと同じ道をたどるかもしれない。

練習問題

つぎの文に賛成か、反対か。理由も述べよ。

「人々がウィンドウズを使ういちばんの理由は、ウィンドウズがマッキントッシュよりすぐれていることを知っているからだ」

追加設問：次のなかで最大の矛盾語法は？

Ⓐアップルのマーケティング

Ⓑマイクロソフトのイノベーション

Ⓒ家族の休暇

デスマグネット⑩－a 革命的な商品は、まえの商品の代替品である

最高の商品が負けるとがっかりするが、最終的な結果は受け入れるしかない。一方、あなた自身の考えが浅い場合には、最初から成功の見込みはない。

たとえば、自分の商品は既存商品の代替品にすぎないと思ってしまうことがあるが、このデスマグネットは、新しいチャンスをつぶしてしまう。

2章でふれた、ゼロックスのコピー機の販売権をＩＢＭに取得させなかったコンサルティング会社を思い出してもらいたい。彼らはおそらく、そのコピー機はカーボン紙かガリ版の代替品にしかならないと考えたのだ。*

実際には、コピー機はカーボン紙やガリ版では考えられなかった新しい市場を開拓した。つまるところ革命とは、限界を打ち破り、市場を作り出し、大きな変化を起こすことなのだ。

なぜ愚行がまかり通るのか

なぜデスマグネットがまかり通るのか。これについては、ピューリッツアー賞を獲得した歴

＊著作家は己の幸運に感謝しなければならない。コピー機ができたおかげで、原稿をできるだけ多くの出版社に送ることができ、版権獲得競争をうながして、契約金を上げることができるようになったのだから。

史家のバーバラ・タックマンが、著書『愚行の世界史』（中央公論新社）で説明している（デスマグネットを指す彼女の用語は「愚行」で、「選挙民や国家の利益に反する政策をとってしまうこと」と定義される）。

タックマンによると、愚行と考えられる政策には三つの要件がある。

●後づけの評価ではなく、その時点で見ても非生産的である。
●ほかにとれる行動がある。
●支配者だけでなく集団として採用した政策で、政権が滅びてもしつこく生き延びる。

思い当たる節がないだろうか。タックマンがビジネスの世界について何か書き残してくれなかったのが残念だ。そうすれば、有益だったことはまちがいない。ただ幸いにも、彼女の言う「愚か者」がまかり通る理由は、ふたつ示してくれている。

●先入観にもとづいて状況を判断し、それに反する徴候は無視するか拒否する。
●経験から学ぼうとしない。[16]

ビジネス界のリーダーも、このふたつを肝に銘じておけば、デスマグネットを避けられるようになるはずだ。逆に、革命家は、それまでつねに成功のチャンスがある（自分自身がデスマグネットに捕らえられないかぎり）。

革命家のための読み物

- *Influence: The Psychology of Persuasion*, Robert B. Cialdini, William Morrow, 1993, ISBN: 0688128165　ロバート・B・チャルディーニ『影響力の武器』（誠信書房）
- *Managing Brand Equity – Capitalizing on the Value of a Brand Name*, *David A. Aaker*, The Free Press, 1991, ISBN: 0029001013　デービッド・A・アーカー『ブランド・エクイティ戦略』（ダイヤモンド社）
- *The March of Folly: From Troy to Vietnam*, Barbara W. Tuchman, Ballantine Books, 1992, ISBN: 0345308239　バーバラ・W・タックマン『愚行の世界史』（中央公論新社）
- *The Strategy and Tactics of Pricing – A Guide to Profitable Decision Making*, Thomas T. Nagle and Reed K. Holden, Prentice Hall, 1994, ISBN: 0136690602　トーマス・T・ネイゲル、リード・K・ホールデン『プライシング戦略』（ピアソン桐原）

パート III

奴隷のように働け

7 鳥のように食べ、ゾウのように排泄せよ

……最近のお客様が何を求めているか、最近の店員が小さなギフトショップやおもちゃ屋、本屋、デパートのリビング売り場で何を展示しているかを調べてください。専門店に置かれた商品と、雑貨店やディスカウントストア、Kマート、ヴォンズ、ウォルマートといった大規模店に置かれた商品とを比べてください。店になかったものを人々に尋ねてください。お客様はどんな商品を、どんな形態で、どのくらいの値段で買いたいと思っているのでしょうか。

——ホールマーク・カーズの商品デザイナー募集広告より

鳥の食欲？　ゾウの排泄？

「鳥のように食べますね」と言われたら、ふつうそれは小食ということだが、鳥は体重のわり

にけっこう食べる。たとえばハチドリは毎日、自分の体重のほぼ半分量を食べる（体重八〇キロの男性が毎日四〇キロ食べるところを想像してほしい！）。

「ゾウのようにうんちしますね」と言われることはまずないだろうが、ゾウは毎日七五キロもの糞をする。このへんで読者は、「ガイはついにいかれた。アップルがあれほど問題を抱えたのも無理はない」と思っているにちがいない。しかし、この生物学的事実には、革命家にとって重要なふたつのメッセージが含まれているのだ。

その一、成功する革命家は、（鳥の食欲なみに）業界や顧客や競争に関する情報をたえず探り、消化し、吸収している。具体的には、顧客と実際に会ったり、セミナーや見本市に参加したり、記事を読んだり、インターネットを検索したりする。

その二、収集した大量の情報は、（ゾウのうんち並みに）外に出して周囲に広げなければならない。具体的には、あなたの情報や発見を会社の同僚、ときには競争相手とも共有する。

食べ方の原則

サンフランシスコの心臓専門医、マイヤー・フリードマンとレイ・ローゼンマンは、人間の特定の性格を初めて循環器疾患と結びつけた。いまでは、競争的でやたらとがんばり、せっかちで敵対的な性格は「タイプＡ」と呼ばれ、心臓病につながる可能性がかなり高いと考えられている。

一九五〇年代なかば、フリードマンとローゼンマンがいる病院の待合室で、おかしな現象が起きた。座席のクッションと肘かけの前面がいつもぼろぼろになるのだ。それを修繕する家具職人は、「いったいここの患者さんはどうしたんです？　こんなふうに椅子を傷める人はいませんよ」と言った。

理想的な展開なら、ここでふたりの医師は不思議に思い、原因を調べたはずだ。ほかの病気の患者は、椅子の肘かけをこんなふうにぼろぼろにしない。何か理由があるはずだ、と。しかし、フリードマンによれば、そのときは家具職人のことばなど気にもとめなかったらしい。本格的に研究を進めて、性格と心臓病のリスクとのつながりが明らかになったのは、それから五年ほどたったあとだった。[1]もしフリードマンが「鳥のように食べて」いたら、肘かけをだめにする人と心臓病とのかかわりにもっと早く気づいていたかもしれない。

この例から、食べ方の第一の原則がわかる（1章の、テフロンを発見したロイ・プランケットの例もこれだ）。すなわち、「予期しなかったものごとは、つねにその原因を探れ」。

プロにまかせすぎない

日本では、重要な仕事ほど素人にまかせろという考え方があるらしいが、食べ方の第二の原則はまさにこれだ。

たとえば、顧客や競争相手の情報を集めるという最重要の仕事は、マーケティング調査のプロにまかせてはいけない。プロは愛用のツールを駆使しつつ、合成より分析を、常識より専門知識を、シンプルさより洗練を重んじてしまい[2]、次の五種類の問題を引き起こすからだ。

●些細な点に気づいて伝えることができない　車のディーラー（しかし調査については素人）が、ショールームに来る人たちをよく見ていれば、ふたつのことに気づくはずだ。ひとつめ、子連れの客は、子供が飽きると車を買う話を終わりにすることが多い。ふたつめ、妻たちが車内でまず確認するのは、カップホルダーがついているかどうかである。たいていの調査会社はこういう些細な点を見逃してしまう（顧客が帰るときにただアンケートに答えてもらうだけだから）。落ち着きのない子供を連れている親たちこそ、本来いちばんくわしく調査すべき人たちなのに。

●予期しなかったチャンスを失う　車のディーラーのたとえを続けよう。素人なら先のふたつの気づきに対して、次のような解決策を思いつくはずだ。ひとつめには、親が買い物をするあいだに子供が遊べる場所を作る。ふたつめには、車内のカップホルダーが目立つように、すべてに空《から》のプラスティックカップを差しておく。どちらも、プロの市場調査ではとらえきれないチャンスだ。

●情報が古くなる　もしもウォルマートの創業者サム・ウォルトンが、コストコのような競合他社のすぐれた活動を知って自社にも導入しようとしたら、数時間とは言わないまでも、ほんの数日で実現させるだろう。しかしプロの調査会社は、すべてが「プロらしく」見えるように、美しい図表や大量の付属資料がついた報告書を作成しなければならない。もちろんそのまえに、プロジェクトの内容を相談し、要員を雇って訓練し、データを収集する時間も必要だ。

●課題を見落とす　古い言いまわしを現代風に言い換えるとこうなる――「プログラマーにとっては、あらゆることがソフトウェアの問題に見える」。つまり、調査会社は自分たちの特殊な視野でものを見るので、その視野に入ってこない課題は見落としてしまう。

練習問題
コンサルタントの報告書で、専門分野以外のソリューションが薦められていたことが一度でもあるだろうか。

●情報の配布が偏る　コンサルタントが専門的な調査をした場合、報告書を読むのは、経営陣、プロダクトマネジャー、マーケティング担当者など、ごくかぎられた社員だけだ。顧客サービス担当者や研究開発のエンジニア、その他の下の階層にいる人たちの目にはまったく入らない可能性がある。もちろん受付の人の目には入らないが、じつのところ受付係は、おそらくほかのどんな社員より、顧客のあなたの会社に対するイメージを左右する。

ホンダは市場調査の際に、「三現主義」を実践してきた――現物を見る、現場に行く、そして現実的であることだ。[3]

●**現物を見る**　ウォルト・ディズニーは、毎週末をかならずディズニーランドですごした。そして、おしのびでショーを見たり、乗り物に乗ったりしては、感想を社員に伝えた。つまり顧客と同じ商品を試していた。

●**現場に行く**　ロッキードのスカンクワークスを率いるケリー・ジョンソンは、朝鮮戦争中、わざわざ韓国の前線まで出かけていった。三万七〇〇〇キロを旅して、一五の空軍基地を訪ね、パイロットが戦闘機にどんな改良を望んでいるかを直接訊いてまわったのだ。[4]

●**現実的である**　GMで長年社長を務めたアルフレッド・スローンは、四半期に一度、本社からディーラーに出向いて、車を売ったり、パーツを交換したりといった実務作業をした。[5]

スカンクワークスの伝説のリーダー、ケリー・ジョンソン（右）

顧客との定期的交流

デュポン社の紡績工場の職員は、自社製品のナイロンを使って水着やブラジャーを製造している工場を訪問し、品質上の問題はないかと工場主に直接尋ねる。これは、ナイロン製品を改善し、経営陣だけでなく多くのデュポン社員を顧客に近づけるのに一役買う活動だ。

広報責任者のビル・ブラウンいわく、同社ではあらゆる階層の社員が顧客と協力し、「成功をもたらすためにできるだけのことをする」。社員たちは事前にチェックリストや質問を用意しているわけではない。「自分の業務をしっかり把握しているので、質問は自然に出てくる」のだ。

このデュポンの例が示すように、情報収集に素人を使うだけでなく、顧客との交流も制度化しなければならない。

定期的な交流が生まれると、あなたの会社には四つのいいことがある。

●**社員がこのプロセスを活用する**　社員は次第に、手厳しい質問を誰にすればいいか、答えが得られるのはいつかといったことがわかるようになる。また、そこで得た情報を本社にどうフィードバックして、最善の結果を得るかということも学ぶ。

●**情報の信頼性が増す**　わずかな情報源（たとえば、不正確で遅いがプレゼンテーションだけは立派なプロの調査会社の報告）に頼らなくてすむので、フィードバックが信頼できる。

●**問題が早く解決する**　顧客が実際に自社商品を使うところを見ている社員は、顧客の能力も把握しているので、問題を察知するだけでなく、迅速な解決策も見つけることができる。

●**顧客に信頼される**　交流が恒常化すれば、「汝の顧客（または競争相手）を知れ」が、形ばかりの社是ではないと、顧客にも社員にもわかる。

交流を制度化すれば、情報の質はますます上がる（ただの知り合いに話すことと、親友に話すことのちがいを思い出すといい）。最高の状態になれば、たんに良質な情報を得るだけでなく、顧客といっしょに新しいアイデアを試すこともできるだろう。

練習問題

カリフォルニア州ニューポート・ビーチにあるエドワーズ劇場の支配人は、話題の新作映画の上映初日は劇場ロビーに立ち、客たちに映画のことだけでなく、施設や食べ物についての感想を尋ねる。[6]

あなたが最後に劇場支配人の顔を見たのはいつだろうか。

訊かずに観察する

フィリップス・コンシューマー・エレクトロニクスでは、ムービングサウンドというティーンエイジャー向けの携帯ラジカセを開発していたとき、潜在顧客である若者を集めて、フォーカスグループ調査をおこなった。

その際、参加者の大多数は、若者向けの明るい黄色のプレーヤーとクラシックな黒のプレーヤーなら、黄色のほうがいいと答えた。しかし、討論が終わったあと、謝礼として会場の外にムービングサウンドを積んでおいたところ、ほとんどのティーンエイジャーが黒いほうを持って帰った。[7]

これが「訊かずに観察する」原則の好例である。人々に何が欲しいかと尋ねると、たいていは模範的な答えを返す。利口に見られたいし、ほかの人が言うことにも影響されるからだ。だが、質問せずにただ観察していれば、ことばではなく行動が正直に答えてくれる。

とはいえ、観察でも次のような現実とのずれが生じうるので注意が必要だ。

●観察を許可した人々は、自主的であれ、謝礼をもらってであれ、すでにその時点で中立なサンプルではない。たとえば、調査会社ニールセンがテレビの視聴率調査への協力を打診した人のうち、四割は断る。[8] 同意した六割では、とうていランダムなサンプルとは言えない。
●観察されているとわかっている人々は、いつもとちがう行動をとることがある。一九二〇年代にイリノイ州ホーソンの工場労働者を対象におこなわれた実験では、研究者がたんに観察しただけで、工場労働者の生産性が上がった。いわゆる「ホーソン効果」だ。
●グループとして好きなものを決めるのと、実際の買い物とは異なる。フィリップスのフォーカスグループでも、個人か少人数の集団が討論をリードした可能性があるが、討論が終わって自由に好きな色を選べるとなったら、大多数が黒を選んだ。

別の木に止まる

一九五九年には輸入車の販売台数が四二万五〇〇〇台に達する

かもしれないが、その後これほど高い数字を記録することは決してないだろう。*

――ビジネス・ウィーク誌（一九五八年一月一七日）[9]

一九七〇年代にオールズモビル発祥の地であるミシガン州ランシングで育った人は、世界じゅうの人がオールズモビルに乗っていると思っていたかもしれない。州間高速道路を走っても日本車はめったに見かけないので、トヨタや日産やホンダがアメリカ車の脅威になっているなどとは夢にも思わなかったはずだ。[10]

ランシングの外に出ないのは、鳥が一本の木にずっと止まっているようなものである。その木で起きることはわかるが、森のことはわからない。

森のほかの場所で起きていることを知りたければ（そして、長くビジネスを続けたければ）、ときにはほかの木に止まらなければならない。無理をしてでも行ったことのない場所に行ってみる。あえて行きつけではない店に入ってみる。いつもとはちがうレストランで食べてみる。自分の業界とは関係のない本や雑誌を読んでみる。ほかの業界の見本市をのぞいてみる……。

それがどう役立つのか？　例をあげよう。

ロッキードのスカンクワークスの設計チームは、あるときU2スパイ偵察機のエンジンバルブのゴムシールが破損し、コクピットのまわりのシールも密封できなくなっていることに気がついた。すぐ交換はしたが、そのゴムシールもほんの数週間で劣化してしまった。

どうしてそうなるのか、設計チームの誰にもわからなかったが、ある日、ひとりの社員がロサンジェルス・タイムズ紙でその答えを発見した。記事によると、ロサンジェルスでは、スモッグの発生によってヨーロッパ製の自動車のタイヤがすぐに劣化してしまうという。根本の原因は、スモッグのおもな構成要素であるオゾンだった。偵察機もオゾン濃度がきわめて高い大気中を飛んでいた。だからゴムシールに同じことが起きていたのだ[11]。

練習問題

本屋（アマゾン・ドットコムではなく、町の本屋）に行って、ふだんあまり近づかないコーナー（ビジネスパーソンであれば、社会学、哲学、物理学、生物学など）の本を見てみよう[**]。

＊一九九七年、トヨタはアメリカ国内でカムリだけで三九万七〇〇〇台を販売した。教訓——「決して」ということばは決して使わないことだ。

＊＊ネット書店が伝統的な町の書店を滅ぼせないのは、この「棚を眺める」体験があるからだ。

すぐについばむ

私の資料の整理法はお粗末なものだ。データベースも作っていないし、記事をまとめてフォルダーにタグをつけ、保管場所がわかるようにもしていない。昔はそういう方法をとっていたが、まったく使わないことに気づいたからだ。ファイルをふたたび手に取ることすらめったにない。代わりに、そのときどきで学ぶこと、ものの見方に影響を与えるような情報を頭のなかで処理すること、注意力をひとつの道具のように何かに向けることには集中している。記事や報告書をまとめて積んでおくことはある。それをぱらぱらやって必要なものを探すことも、数年前にした調査を最初からやり直さなければならないこともある。しかし、じつはそうすること自体に価値がある。なぜなら、私がかかわる分野では、最後に調べたときから多くの事情が変わっているからだ。

　資料整理の心配はしなくていい。それより自分の「知覚」の心配をしなさい。

――ピーター・シュワルツ『シナリオ・プランニングの技法』

ハチドリはそこにあるものを食べる。あとで食べるために取っておいたりしない。あなたも情報について同じようにすべきである――山積みにするまえに読んで、分析するのだ。[12]

私の場合、誰かが私の名前をあげた本や雑誌、ウェブサイトは、出て四八時間以内に見なければ永遠に見ないことがわかっている。かならずほかの何かが出てくるし、（おそらく）よりよい情報源がすぐ出てこようとしているからだ。

入ってくる情報をかたっぱしから読んで分析していると、情報に対する感度が鋭くなってくる。頭のなかに蓄えた情報によって「味覚」が発達し、検索や分析がだんだんうまくなる。シュワルツが言うように、「知覚」こそがカギなのだ。

研究員になるか、研究員をおだてる

かつては、なんらかの情報にアクセスしようとすると、警告で禁止されるかコストで制限された。たとえば、電子情報のデータベースを提供するダイアログ・インフォメーション・サービシズのおもな顧客は、企業の研究員だった。高コスト（アクセスが一時間あたり三〇〇ドルするデータベースもあった）と、メインフレームのプログラマーのお母さんしか褒めないようなユーザー・インターフェイスという、ふたつの障壁があったせいだ。

だが、インターネットがそのふたつを克服し、あらゆる種類の鳥が（本社も支社も）自由に餌を食べられるようになった。いまでは、基本的に誰でも研究員になれるのだ。

以下、コストのかからない情報収集の方法を六つ紹介しよう。

●**ダイアログ・セレクト**（http://www.dialogselect.com）　以前はダイアログ・インフォメーション・サービシズとして知られていたが、変わったのは名前だけではない。はるかに使いやすくなり、ペイ・パー・ビュー方式でコストも下がった。ダイアログ・セレクトはオンライン情報の先駆けで、商標や特許のリストなど、価値ある情報源が何千と含まれている。

●**エレクトリック・ライブラリー**（http://www.elibrary.com）　何百もの新聞、雑誌、オンラインニュース、ラジオやテレビの台本、おもな文学作品を検索することができる。かつて著作物をこれだけ幅広く調べようと思ったら、膨大なコストと時間がかかったものだ。

●**アスク・ジーブス**（http://www.ask.com）　これも無料の検索サービス。簡単な英語で質問を入力すれば、サイトがそれに合った質問のリストを示してくれる。そのなかからいちばん近いものを選ぶと、最適な答えを与えるサイトを案内してくれる。

●**インクウィジット**（http://www.inquisit.org）　雑誌、新聞、プレスリリースなど、六〇〇以上の情報源からデータを収集している。月額約一三ドルで、希望する種類のデータをソフトウエアが自動検索し、記事の要約か全文をEメールで送信してくれる。

●**メーリングリスト**　特定のテーマについてEメールを受け取る人々の集まりであるメーリングリストは、共通の関心を持つ人たちに質問したり、情報を提供してもらったりするのに便利だ。たとえば私は本書の執筆にあたって、六〇〇〜七〇〇人ほどからなるメーリングリストを開設した。私のコンセプトをうまく説明する事例を尋ねたときには、すばらしい情報がいくつも返ってきた。メーリングリストを運営するには、インターネット接続と、レターリップ（http://www.fogcity.com）のようなソフトウェアさえあればいい。

●ユースネット・ディスカッション・リスト　メーリングリストには特定の人たちが「登録する」のに対し、ユースネットではつねに議論がおこなわれている何千もの話題に誰でも加わり、質問を投稿し、答えを待つことができる。正式に加入登録する必要はない。何か話題を思いついたら、ヤフーのような検索エンジンで「ユースネット＋カントリーミュージック」などと検索してみよう。得られる情報の多さと内容のくわしさに驚くだろう。

私は本書の執筆中に、ファインドアウトというインターネット情報サービスで、次のようなメールのやりとりをした（やりとりのなかでアンサーズ・ドットコムがからかわれているのは、ファインドアウトの競争相手だから）。これを見れば、生きた人間による調査の強みがわかるだろう。テキストベースの検索エンジンでは、ミラー大尉の名誉勲章に関するこのような情報は引き出せなかった。

私はいま『「革命家」の仕事術』という本を書いているのですが、そのなかで、ある勲章を例に使いたいと思っています。以下の質問の答えがわかったら教えていただけませんか。すでにフランス外人部隊のサイトと、アンサーズ・ドットコムは調べました。アンサーズ・ドットコムの鼻を明かしてください！

質問　軍の上官がまちがっていたとき、その命令に直接したがわなかった者に与えられる勲章があると聞きました。フランス外人部隊の慣行かもしれません。どこの国の、なんという名前の勲章でしょうか。

回答　こんにちは。直接不服従の調査において、アンサーズ・ドットコムの連中はわれわれの敵ではありません……一五分間調べたかぎりでは、世界のどの軍事組織にも、そのような行為を公式に認めた例はありませんでしたが、次のような話がありました。

南北戦争中の一八六三年七月三日、ウィリアム・ミラーという大尉が旅団長の命令に背いたようです。旅団長はミラーの連隊に待機を命じたが、ミラーは突撃した。上官の命令に直接違反する行為でした。しかしミラーの決定は結局正しかったようで、のちに議会から名誉勲章を与えられました。以上は軍事史学会のルイス・フレンド女史から聞いた話です。

ミラーの勲章については、アメリカ陸軍戦史センターのサイトにくわしく記されています。http://www.history.army.mil/html/moh/civwarmz.html を下にスクロールしていくと、名誉ある抵抗者の名前が出てきます。

さらに質問があれば、下の「もっと訊きたい」のボタンをクリックしてください。この情報が役立つことを祈ります。ファインドアウトをご利用いただき、ありがとうございます！

もし、コンピュータが手元にないとか、みずから調べたくないというときには、昔ながらの方法でやればいい――誰かを見つけて、友だちになるのだ。

研究員は大企業だけでなく、公共図書館にもいる。そう、司書だ。彼らの知識の深さと、本や雑誌や電子データベースを駆使した調査能力の高さには、驚くことまちがいなしだ。

情報発信者を利用する

人間の脳には、最先端のコンピュータプログラムにも増して柔軟に情報を再構成する能力がある。技術的な情報を真に効率よく伝えるために、情報を読み替えて再構成し、新しいコンテクストや状況に当てはめるこの人間の能力を活用しない手はない。つまり、技術的な情報を伝えるいちばんの方法は、そのことにくわしい人材を移動させることである。[13]
――トマス・J・アレン（MITスローン経営大学院教授）

アレン教授がここで提案しているすぐれた情報収集法とは、ほかの会社や学界から、あなたにとって重要な分野の知識を持つ人材を引き抜くことだ。

この考え方には、注目すべき点がふたつある。

第一に、「離職率を減らせ」という不文律は、デスマグネットになりうるということ。組織が崩壊するような離職率でないかぎり、古い社員が出て新人が入ってくるという人材の流れは、新しいアイデアや方式を取り入れられる好ましい展開かもしれない。

第二に、新入社員が職場に持ちこむのは、職務遂行能力だけではなく、その人の知識と経験のすべてだということ。マイクロソフトから引き抜いたプログラマーは、プログラミングだけでなく、商品の改善やテスト、マニュアル作りなどでも貴重な経験を活かしてくれる（それが幹部なら、反トラスト法や司法省対応に関する専門家が得られるということだ）。

情報発信者としてはあとふたつ、ベンダーと政府・学術機関の人間も有望だ。ベンダーがとりわけ役に立つのは、同業他社にくわしいからだが、あなたに他社のことを話すベンダーは、あなたのことも話しているはずだから要注意だ。政府・学術機関で働く人材の多くは、民間企業と競争しているとは思っていないため、進んで知識を共有してくれる。[14]

それから、アレン教授のいう「ゲートキーパー」も重要だ。[15] ゲートキーパーとは、情報によって組織の内外をつなぐ役割を果たす人物のことを指すが、この人物は組織においてふたつのレベルで機能する。ひとつは社内のオピニオンリーダーとして、もうひとつは社外で注目を浴びる「業界のリーダー」として。典型的には中間層のマネジャーであり、情報の流れの中心にいることから、かなりの影響力を持つ。

つまりゲートキーパーとは、もったいぶった肩書きがなくても大きな力を行使し、多くの情報を提供する「スーパー情報発信者」だ。彼らが社内の情報の流れにどうかかわっているか、それを会社の成功にどうつなげるかを考えることが大切だ。

アップル式の排泄

アップルには、「ゾウ」ではなく「鳥」のように排泄してきた不幸な歴史がある。たとえば一九八七年当時、マッキントッシュのオペレーティングシステム（ＯＳ）のライセンスを積極的に他社にも売っていれば、いまごろマックＯＳがパソコン市場を支配していたかもしれない。

なぜそうしなかったのか？　いまから振り返ると愚かに見えるかもしれないが、理由はそれほど定かではない。私たちはマッキントッシュが一台売れるたびに一〇〇〇ドルの利益をあげていた。株式市場も収入を短期見込みで評価していたから、あれほどすばらしい利益を他社に分け与える決断をするのには、大きな勇気と洞察力を要した。業界の「標準」を確立するために、その後二年間の利益を減らすなどと投資家に説明できただろうか（もちろん、そのようなむずかしい戦略的決断をするために、経営陣に多額の報酬を払っているのだという反論はできるが）。

これとは対照的に、ＩＢＭはＩＢＭ ＰＣのオープン標準を作り出した。その結果、ＩＢＭを除くあらゆる企業がＩＢＭ ＰＣのクローンを売って金を儲けた。私たちはそういう結末を避けたかった……。

認めよう。結局私たちは傲慢でフランス的だったのだ（これは重複表現？　ちなみに当時、アップルはフランス人のジャン＝ルイ・ガセーに率いられていた）。最高のＯＳを持ち、競争相手を大差で引き離していると思っていたのに、私たちはなぜそこから最大の収入を得られなかったのだろう。最高中の最高、頂点に立つコンピュータを生み出したというのに。

練習問題

商品を業界「標準」として確立するまで二年間は利益が落ちこむと、ウォール街は理解してくれるのか、あなたの会社の最高財務責任者（CFO）に訊いてみてほしい。

当時の私たちより正しい答えがすんなり出てくることを祈る。しかし、もしあのころのアップルのように、きわめて重要な選択をしなければならなくなったら、次の命題を思い出してほしい。

「その商品が欠かせないものであるほど、業界標準として確立する努力をし、薄利多売で儲けるべきだ」

事実かどうかはともかく、アップルは通常、パソコンとグラフィカル・ユーザー・インターフェイス（GUI）を「発明した」と思われている。しかし、たとえアップルがやらなくても、パソコンとGUIは生まれたはずだ。だからやはり、ゾウのように排泄し、マックOSのライセンスは他社に提供すべきだった。

排泄の喜び

幸い、あなたに求められる情報の共有と拡散に関する決断は、その大半がアップルほどにはリスクをともなわないだろう。革命家の態度としてはつねに「われ排泄す、ゆえにわれあり」でいくべきだ。多くの情報を手放すほど、まわりの人々から信頼され、互いの利益も見えてきて、多くのものを得られるようになるのだから。

ある医薬関係の研究員が、開かれた環境で働くことと、閉じられた環境で働くことのちがいを次のように説明してくれた。私はこの小文を「排泄の喜び」と題している。

　私はまったく環境がちがうふたつの研究所で働いたことがあります。一方は鳥のように排泄し、誰も何も共有しようとしない。ハイウェイの横で新しい道を切り開いているようなものでした。もっといい方法に気づいていても、ハイウェイは走らせてもらえなかった。私には返礼できるものがなかったからです。

　いまはゾウのように排泄する研究所で働いています。実験方法を教えてくれたり、バイオプローブや抗体を送ってくれたりした人は全員憶えています。そうした好意にはできるだけ返礼します。こういう職場のほうがじつはずっと効率がいいのです。[16]

コンピュータ業界で、情報をオープンにして拡散させた例をふたつ。

ひとつめ。ドゥームというコンピュータゲームを販売するidソフトウェアは、ユーザーにアドオンの武器や敵、音響、戦闘場面などを作らせた。これには、ゲームが豊かになるだけでなく、アドオンを作ったユーザーは知人にゲームを買うよう宣伝してくれるという効果もある。インターネットでドゥーム専用のサイトを検索すれば、サポーターが何十人もいるのがわかるだろう。

ふたつめ。一九九八年一月二二日、ネットスケープコミュニケーションズはブラウザーを無料化し、ネットスケープコミュニケーター5・0という将来のバージョンのソースコード（プログラミング言語で記述したプログラムの内容）を公開すると発表した。このソースコードの公開によって、世界じゅうのプログラマーがネットスケープ商品を改善し、拡張できるようになった。

ネットスケープがこういう果敢な措置をとったのは、競合ブラウザーであるマイクロソフトのインターネットエクスプローラの普及を遅らせるためだ。その考え方をたどると、

●マイクロソフトは自社ブラウザーをすでに無料配布していたから、有料のブラウザーでは対抗できない。同じように無料化したほうがよさそうだ。

- 無料にすれば、何千というプログラマーがネットスケープのソースコードを取得して、ブラウザーの拡張バージョンや新バージョンを作り出すだろう。
- どれだけ多くのマイクロソフトのプログラマーがエクスプローラを拡張しようと、ネットスケープ商品を自由に改良しはじめるネット上のプログラマーに、数で敵うわけがない。
- 単一バージョンしかないマイクロソフトのエクスプローラより、大衆が作るバージョンのほうが、さまざまな集団や企業にとって使いやすい商品になる。かくしてネットスケープのブラウザーは生き残る。

これはブラウザー戦争のじつにすばらしい展開だった。最初の一カ月で、ソースコードは二万五〇〇〇回ダウンロードされた。最終的には成功を収められなかったにしても、ネットスケープは発想を変え、ソースコードを公開したことで称讃に値する。

排泄の原則

もっとも効率的に情報を広げる（かつ受け取る）ためにしなければならないことを、四つあげておこう。

●パラノイアを克服する　いちばん大事なことを最初に。社内のほかの部署や同僚や競争相手に情報を広げるとまずいことになるのではないか、という心配はやめよう。たしかに、何を共有するかは考えなければならないが、共有しないよりしすぎるほうがいい。

●シンプルに、正確に、何度も　情報はシンプルで正確なものにして効率よく広げ、それをたびたびくり返す。みずから提供する情報の質と頻度が上がるほど、得られる情報の質と頻度も上がるのだ。[17]

●あらゆる階層を巻きこむ　情報拡散は、顧客との交流と同じように、民主化と制度化をしなければならない。研究開発部門だろうと、著作権法の担当部門だろうと、それぞれの特別な知識を全社で共有できるようにすべきだ。

鳥のように食べ、ゾウのように排泄する。妙なたとえだったかもしれないが、革命的な変化をうながす強力なテクニックであることを認識していただけただろうか。

最後に実例をひとつ。マーベル・コミックおよびマーベル・フィルムの会長であるスタン・リーと、シルバーサーファーやコナンを作り出した伝説のコミック作家ジョン・ブシーマは、*How to Draw Comics the Marvel Way*（マーベル流のコミックの描き方）という本を共著で出している。マーベルはまた、コミックの新刊を、発売に先立ってインターネットで公開している。

そして自殺行為にも見えるこのやり方が、じつは出版物の売上を増やすことを発見した。[18]
なんとオープンで勇気ある行為だろう！　マーベルは「うちのスタイルをまねしたいなら、こうしなさい」、「うちのコミックを無料でダウンロードしてもいい」と言っているのだ。

革命家のための読み物

- *The Intelligence Edge: How to Profit in the Information Age*, George Friedman, Meredith Friedman, Colin Chapman, and John S. Baker Jr., Crown Publishers, 1997, ISBN: 0609600753
- *Managing the Flow of Technology*, Thomas J. Allen, MIT Press, 1984, ISBN: 0262510278　トーマス・J・アレン『知的創造の現場』（ダイヤモンド社）

8 デジタルで考え、アナログで行動する

神のように創造し、人のように失敗し、犬のように屈服せよ。
――ピーター・N・グラスコウスキ

テクノロジーはあくまでツール

「デジタルで考える」とは、テクノロジーを使って本物のデータを把握し、顧客とのやりとりを追跡し、よりよいサービスを提供するための情報を探り出すことだ。それには、風評や習慣や偏見にまどわされない正確でクリアな思考が必要になる。

「アナログで行動する」とは、心をこめて接することだ。質の高いアナログのやりとりがない革命は、成功したためしがない。あなたの商品がどれだけすぐれていようと、マーケティングがどれだけ力強く、ウェブサイトがどれだけクールだろうと、アナログのやりとりはどうして

も必要だ。ウェブサイトやEメールなどがどれほど活用されても、依然としてアナログの世界は残っているのだ。

リッツ・カールトンは、デジタルテクノロジーを使ってアナログで行動する最高の例である。

このホテルのデータベースには、宿泊客の個別の要求や嗜好が五〇万件以上蓄えられていて、たとえば枕の好みが登録されると、世界じゅうのリッツ・カールトンで担当者がデータベースにアクセスし、その好みに応じたサービスを提供することができる。

だが、こうしたデータを集めるプロセスはアナログだ。「やり方にはコツがあります」と顧客担当マネジャーのナディア・カイザーは言う。「お客様の要求を直接尋ねるのではありません」。宿泊客（とくに頻繁に利用する得意客）とじかに接するコーディネーターが彼らと気軽におしゃべりし、わかった好みを絶えずスタッフに知らせているのだ。

ここでとりわけ重要なのは、リッツ・カールトンが、顧客との関係をデジタルテクノロジーの力で「代用」するのではなく「強化」していることだ。同様に、オンライン食料品店のピーポッド社は、顧客がいつも買う商品を把握していて、その個人情報をもとに商品を薦め、客の買い物を楽にしている。まさに、コンピュータ、データベース、情報ネットワークといったデジタルテクノロジーを活用したサービスだ。

（私はホテルの例が大好きなので、すばらしいアナログ行動の例をもうひとつ。コロラド州アスペンのリトル・ネル・ホテルのコンシェルジュは、宿泊客に予約日の少なくとも二週間前に電話をかけ、質問に答えたり、レストランの予約を入れたり、送迎の手配をすませたりする。[1]これこそ模範的なアナログ行動だ！）

……でも使うときにはご用心

デジタルテクノロジーはすばらしいが、プライバシーの侵害やわずらわしさから、不快感を引き起こすこともある。たとえば私は、家電量販店でたった二ドルの電池を買ったときでも、用紙に名前や住所を書いてくれと言われるのが大嫌いだ。店としては「リレーションシップ・マーケティング」〔訳注：顧客を知り、関係を深めるマーケティング〕に活用したいのだろうが……。

デジタルの力は濫用されやすい。だからデジタルで考えるときには、次の三つの原則を忘れないでほしい（次章でこのトピック全般についてくわしく論じる）。

一番目は、顧客に決して個人情報を要求しないこと。たとえその情報があなたのデータベースやダイレクトマーケティング活動に不可欠だとしても、それはあなたの問題であって顧客の問題ではない。ノードストロームの店員が、顧客の名前や住所を尋ねたりするだろうか？

最高のデータ収集は、こちらがまったく気づかないうちにおこなわれる。アマゾン・ドットコムのサイトを訪ねると、何もしなくても過去の購買歴にもとづいて買うべき本を薦めてくる。

これに対して、私が長年利用しているユナイテッド航空は、年に一〇万マイルは乗っているのに、予約をするたびに通路側の席とフルーツの盛り合わせをいちいち頼まなければならない。

原則の二番目は、情報を注意深く使うこと。顧客が進んで情報を提供してくれた場合には使ってもかまわないが、あくまでも慎重に。つまり、くだらないマーケティングやセールスのメッセージを怒濤のように送りつけてはならない。

三番目は、利用しない情報はそもそも収集しないことだ。ただ「手元に置いておく」だけの情報を大量に収集するより、顧客に無用の広告を送りまくるほうがまだましかもしれない。

理想を言えば、提供してもらった情報から、あなたと顧客の双方が利益を得るようにしたい。それが無理でも、少なくとも顧客はなんらかの利益を得るべきだ。利益を得るのがあなただけなら、理由もなく顧客をわずらわしていることになる。あなたの顧客になったのだから研究プロジェクトの一データとして扱っていい、ということにはならない。

練習問題

リッツ・カールトンが航空業を始めたら、あなたはその飛行機に乗るだろうか。

追加設問：その航空会社は、あなたの座席と食べ物の好みを何度も訊くだろうか。

意思決定者の見きわめ方

革命家は、革命の最初の段階で（つまり、商品のマーケティングと宣伝を始めるときに）よく三つのまちがいを犯す。

第一のまちがいは、意思決定のできない人を意思決定者と思いこむこと。一九八三年から翌年にかけて、アップルは次のような「デジタル」分析をおこなった。黄色のペイズリー柄のネクタイを締めるヤッピーＭＢＡが、いかにも思いつきそうな分析だった。

マッキントッシュはビジネス向けのコンピュータである。ビジネスの世界ではフォーチュン５００企業が尊敬されている。フォーチュン５００企業を動かしているのは、社長、副社長、そして経営情報システムの責任者だ。彼らには肩書きがあり、それにともなう権力がある。こういう人たちにマッキントッシュを売れば、トップダウンの決定で社内にマッキントッシュを広めてくれる。

この戦略で売れたマッキントッシュはせいぜい五台だった。こうした経営幹部は、おおむね意思決定をすることができないか、したいと思っていない。ほかに気にかけなければならないことが山ほどあるからだ。彼らに集中して売りこむのは筋ちがいだったのだ。

第二のまちがいは、意思決定ができる人を、できないと思いこむこと。フォーチュン500企業それぞれの下層部分と、フォーチュン500万企業の全階層、教育機関のすべて、そして学生や教師、芸術家、デザイナー、研修生、コンサルタント、作家といった人々は、マッキントッシュが大好きだった。

彼らこそアップルが目標とすべき意思決定者だった。現場でまじめに働いているのは彼らであって、革命的なマッキントッシュが仕事に役立つことをいち早く理解していた。そういう人たちこそがエバンジェリストとなり、マッキントッシュに成功をもたらしたのだ。だが、組織図を見ただけでは、救世主だとはわからなかっただろう。

練習問題

ある問題の対処法がわからないとき、誰に相談する？

Ⓐ配偶者

Ⓑ秘書

Ⓒかかりつけの精神科医

Ⓓあなたのなかの子供の部分

第三のまちがいは、意思決定者がひとりしかいないと思いこむことだ。カリフォルニア州オーシャンサイドにあるプリザーブド・ツリースケープス社は、室内装飾向けに人工または長期保存加工《プリザーブド》をした木々や植物を売っている。だが当初、商業施設内のデザインを手がける景観設計家たちは生きた木々にこだわり、同社には無関心だったから、顧客はもっぱらホテルやショッピングモール内の植物を管理する業者だった。

「何かまずいことがあると、責任をとるのは管理業者です」とCEO兼社長のデニス・ゲイブリックは言う。「植物は毎年三分の一ずつ死んでいきます。でも私は彼らに、一〇年以上もつ人工あるいはプリザーブド加工をした植物を提供できました。開業したころは、毎月の維持費を節約したい管理業者に、一〇年くらいの中期プロジェクトで使ってもらっていました」

そして、そうやって管理業者がプリザーブドプランツを使っているうちに、景観設計家も徐々にゲイブリックのサービスに目を向けるようになった。ゲイブリックは、観葉植物を置いているビルのオーナーや開発業者とは直接交渉しなかった。大幅なコスト削減を約束できるとわかってはいたが、あくまで景観設計家とのつながりを大切にした。プロジェクトで実際に経費を節約できれば、その景観設計家の評判はがぜん高まり、かならず、またプリザーブドプランツを使おうということになるからだ。

意思決定者を見きわめるのはアナログのプロセスだ。独断でイエス、ノーを決められる意思決定者がひとりしかいない状況はめったにない。通常は、複数の人があなたの革命を支えてくれる。そして彼らもさらに多くの人々の影響を受けながら意思決定をしているのだ。

肩書きは忘れよう

マッキントッシュ導入時の例からもわかるように、意思決定者を見きわめるときの大きな障害は、肩書きに注意を払いすぎてしまうことだ。

そのことを理解してもらうために、ビジネス以外の話をしよう。

本書のメーリングリストの会員のなかに、アラスカのイヌイットの小さな村で、シベリアユピク族の子供たち（七年生と八年生二二人）の先生になった人がいた。現地の気候と生活条件はたいへん厳しい。一年で教師が全員入れ替わったこともあるほどだ。地元の人たちにとっては、先生が次々と来てはいなくなるといった中途半端な状況が続いていた。

ほどなく、教師になったその人は、生徒の学校生活にずっとかかわっているのがひとりのイヌイットの助手だけであることを知る。そして、ある行動にでた。その助手にあれこれ指示する代わりに、彼の知恵と、教師以外の職員全員の知恵を借りることにしたのだ。教育現場は序列による分業がはっきりしている。下の階層から意見を求めるのは異例である。高校も卒業しておらず、英語もあまりしゃべれない人たちの意見となればなおさらだ。

しかしこの場合、まさにそういう人たちが助けてくれたおかげで、彼はさほど失敗もせず、親たちとも良好な関係を築くことができた。生徒も不思議なくらい行儀がよくなった。何より最初の数週間で、今度の先生は肩書きにとらわれずに、みんなを尊重しているという噂が広まり、村人たちも彼に一目置くようになった。[2]

華々しい肩書きがあるからといって、その人が知識豊富で有力とはかぎらないし、地位の低い人が愚かで無力というわけでもない。革命家にとって、立派な肩書きはほとんど意味を持たない。肝心なのは、相手がきちんと理解して、あなたを助けたいと思っているかどうかだ。

肩書きにとらわれないという姿勢は、会社にもあてはまる。従業員の肩書きにこだわるなということだ。たとえば顧客との個人的なつながりを、「顧客サービス」担当だけにまかせてはならない。従業員全員がその楽しみに加わるのだ。あらゆる部門の従業員が顧客のために働いていれば、与える印象はまったくちがう。そうすれば、従業員も顧客についてもっと学び、よりよいサービスを提供できるようになるだろう。

ロバート・ヒーブラー、トマス・B・ケリー、チャールズ・ケッテマンの三人は、共著書『ベスト・プラクティス』（TBSブリタニカ）のなかで、ユナイテッド航空の従業員パトリシア・オブライエン・サーリについて書いている。ユナイテッドのシアトル支社で営業部長だったパトリシアは、独自の発案で「一〇万マイル感謝キャンペーン」を始めた。それは、さまざまな部署にいる従業員が一〇万マイル搭乗した顧客に感謝し、特典の活用をうながす手紙を出すという企画だった。[3]

まさに、デジタルで考え、アナログで行動するすばらしい例である。重要顧客の情報を管理するのはユナイテッドのコンピュータだが、手紙を送って顧客ロイヤルティを高めたのは従業員のアナログの行動だった。

「直接会う」ことの効用

世界一美しい場所を夢見て、案を出し、図面を引き、作り上げることは可能でも、それを現実のものにするのは人々である。[4]

——ウォルト・ディズニー

このルールは私にとって、言うは易《やす》くおこなうは難《かた》しである。私の好きなコミュニケーション手段は、上から順に、Eメール、ファクス、電話、手紙、直接会って話す、だからだ。でも、それではいけない。Eメール、ファクス、電話（とくにボイスメール）は、直接会うことほど効果的ではない。逆に言えば、わざわざそうする人が少ないぶん、直接会うことは革命家にとって強力な武器になる。直接会えば顧客との関係も深まる。それによって、顧客は商品やサービスを改善するヒントをくれ、あなたのまちがいを大目に見て、多少の値段の差ではほかの業者に移らなくなる。*

人前に顔を出すのは、強力な販売と宣伝のテクニックだ。さっそく椅子から立ち上がって、車や飛行機に乗ろう。そして最高の成果につなげよう。Eメールや電話は、あくまで関係構築の補助的な手段だ。

もうひとつ。ペンは剣より強いだけでなく、パソコンやメールソフトよりも強い。顧客と直接会えないとき、または会ったあとで関係を深めたいときに、もっともシンプルで格安で強力な方法は、上品な便箋と封筒で手書きのメッセージを送ることである。

「正しい人々」とつき合う

私はかなり長いあいだ、「ホイ・ポロイ」とは社会のエリート集団を指すことばだと思っていた（もとはギリシャ語だし、気取った感じなので）。だが本当は正反対の意味で、庶民、一般人を指すことばだった。直接会うことは大切だが、それだけでは足りない。革命家は正しい人々とつき合わなければならない。つまり、肩書きにとらわれないことからもう一歩踏み出し

＊さらに言えば、つまらないルールの押しつけ合いも減る。たとえば航空会社には、予約変更やファーストクラスへのアップグレード方法、使えるクーポンなどについて山ほどルールがある。次回、そうしたルールの例外を認めてもらいたくなったときには、電話で予約担当者を説得するのではなく、発券カウンターが空いているときに直接頼んでみよう。

て、ふつうの人々と日常的にコミュニケーションをとるのだ。なぜそうべきか？　理由を説明しよう。

●将来のアクセスが容易になる　この世を支配しているのは、秘書、受付、補佐官、家にいる配偶者だ（成功した企業経営者のうしろには、かならず呆気にとられた秘書が立っているものだ）。こういう人たちが「ボス」へのアクセスをコントロールしている。「ボス」にアクセスしたくなる日はかならず来るから、そのまえに彼らと親しくしておこう。

●志気を高める　ある日の未明、ディズニーランドで働いていた保守作業員たちは、ウォルトその人の姿を見て驚いた。ウォルトは園内のメインストリートUSAを、パジャマとバスローブ姿で歩いていた（園内に彼個人のアパートメントがあり、そこによく泊まっていたのだ）。「さあ、こっちへ」とウォルトは言った。「オレンジジュース販売機の鍵がある場所を知っているから」。そして彼らはサンキストのジュースバーに立ち寄り、志気を高め合った。[5]

●支援スタッフはものごとの仕組みを知っている　フロリダのある学区では、各学部に機器を納入できるのは認定業者のみだった。だが、ホイ・ポロイから、この制限は機器の「アップグレード」には適用されないと教えてもらったある大手の業者は、認定外だったにもかかわらず、大量のコンピュータを販売することができた。

●本物のスクープをものにできる　リチャード・ファインマンは『困ります、ファインマンさん』（岩波現代文庫）のなかで、チャレンジャー号爆発事故について彼独自の調査をおこなったという有名な逸話を紹介している。事故調査委員会のメンバーが、NASA上層部から隠蔽だらけの都合のいい情報を与えられて納得していたときに、ファインマンはスペースシャトルで実際に働いていたエンジニアたちと直接会って、話を聞いたのだ。

●窮地を切り抜けられる　本書のメーリングリストのメンバーが次のようなメールを送ってくれた。ホイ・ポロイとつき合うことによって危ないところを救われた例である。スペルミスも含めてここに再掲したい（これほど正直なことばがあるだろうか！）。

　ぼくはハイスクールの最上級生です。昔、学校のひ書の人たちと友だつになりました。おかげでこの四年間、三六回の停学と無数の居残りから逃れることができました。事むの人たちには本物の力があります。[6]

バーチャル・コミュニティづくりに挑戦

リッツ・カールトンでは、デジタルテクノロジーを使って顧客一人ひとりに合わせたサービスを提供しているが、サターン、マッキントッシュ、ハーレーダビッドソンなどに比べると、顧客同士のやりとりははるかに少ない。ホテルがつねに諸活動の中心《ハブ》にあり、顧客は車輪のスポークのようなものだからだ。

たとえば、ハーレーダビッドソンのように「ユーザーグループ」の発生をうながして、あなたの革命に関心を持つ人々のコミュニティを作ったらどうか。共通の趣味を持つ人を集めること自体はアナログのプロセスだが、これにデジタルテクノロジーを用いれば、ネット上にバーチャル・コミュニティを作って支援できる。

バーチャル・コミュニティというと、みんなが毎日見たくなるクールなサイトをひとつ作って終わりだと思っている企業が多い。論外だ。そういうサイトは「コマーシャル」であって「コミュニティ」ではない。意味のあるバーチャル・コミュニティを作りたければ、次の原則にしたがおう。

●商売《コマース》のまえにコミュニティ　これは『ネットで儲けろ』（日経BP社）の著者ジョン・ヘーゲル三世とアーサー・G・アームストロングのことばである。[7] つまり、活動の目的はコミュニティを作ることであって、商品を売ることではない。商業主義はほどほどに。コミュニティはあなたの利益のために存在するのではなく、それ自体に価値があるから存在するのだ。

●次がコミュニケーション　伝言板やメーリングリストで人々が互いにコミュニケーションを

とれる機能を設けよう。会社とのコミュニケーションより、個人同士のコミュニケーションのほうが大事。主催者はあなただが、これはカクテルパーティであって講演会ではない。

●コミュニティの利益を優先させる　活気あるコミュニティはやがてあなたの役に立つ、という大目標はある。しかしそこに至るには、あなたの短期的な利益を犠牲にしなければならない。だからたとえば、コミュニティのなかでは他社の競合商品も自由に論じられ、褒められるべきだ。

●批判に耐える　コミュニティでは、競合商品の宣伝はもちろん、あなたの商品の批判もできるようにすること。そこまで認めれば、ふたつの望ましい結果が得られる。第一に、会社の評判がよくなる（みずからのサイトで自社商品の批判まで認めるのは異例だから）。第二に、顧客から自由なフィードバックがたくさん得られる。

●「個性」を発揮してもらう　ＭＴＶの成功の大きな要因に、個性的なビデオジョッキーの存在があったことを憶えているだろうか。同じことがウェブサイトにも言える。だから、社員にはオンラインで積極的に個性を発揮してもらおう。サイトで思想統制をおこなっていないことの証明にもなる。

すばらしいバーチャル・コミュニティを作り上げた会社のひとつに、モトリー・フールがある。ふたりの愚か者《フール》、トムとデイビッドのガードナー兄弟が、自分の投資は自分で管理するというアイデアを広めるために、一九九四年に設立した会社だ。同社のサイトには結束力の強いコミュニティがあり、個人間で投資に関するアドバイスがさかんにやりとりされている。

顧客と「協働」する

顧客の話を聞き、実際の商品作りにも参加してもらう。これが協働マーケティングだ。

——ドン・ペパーズ、マーサ・ロジャーズ

『One to Oneマーケティング』(ダイヤモンド社)のなかで、著者のドン・ペパーズとマーサ・ロジャーズは、「市場シェア」ではなく「顧客シェア」というコンセプトを提唱している。市場シェアのアプローチとは、中国の国民全員に炭酸飲料を一本ずつ売れば……というようなものだ。これに対して顧客シェアのアプローチとは、一人の顧客から得られる一生涯分の売上のシェアを最大にしようというものである。

顧客シェアは、顧客と協働することによって得られる。辞書によると「協働《コラボレイト》」の意味は「おもに文学や芸術や科学にかかわる仕事でともに働くこと」*。協働は、ぴったりの人を見つけて、互いの利益のためにいっしょに働くという、個人間のつき合いのもっとも純粋なかたちである。

ペパーズとロジャーズは、顧客との協働を進めるコツを七つあげている。

●**軍事用語や敵対的な用語で顧客を表現しない**　たとえば、ターゲット、セグメント、戦争。どうして「人々」や「顧客」と呼べないのだろう。

●**質の高い商品やサービスを提供する**　協働する価値があると顧客に思ってもらうには、質の高い商品やサービスが必須となる。

●**個人に注目する**　協働する場合、あなたがつき合う相手は最大でも一個人だ。全人口や、大集団を相手にするのではない。

●**すべての取引の記録を残す**　顧客が買ってくれたものを把握せずに協働するのはむずかしい。あなたは何百万もの取引をしているかもしれないが、個々の顧客は自分の取引しか憶えていない。

●**利用を妨げることを見つけて、すべて取り除く**　商品やサービスは、完璧でなくてもいいが

＊ただし、ウェブスターの二番目の定義は「敵対的な侵略者と協力すること」となっていて、この定義はお薦めできない。

つねに改善していかなければならない。そのためには、まず利用の妨げになっているものを見つけること。

●**苦情を新しいビジネスにつなげる**　私の最初の上司だったマーティ・グルーバーは、貴重な教訓を授けてくれた——顧客は苦情を言っているうちはまだつき合っていきたいと思っている。苦情が止まったときこそ心配しなければならない。

●**顧客が協働できる方法を作り出す**　どんな商品でも伝道できると私が思っているように、ペパーズとロジャーズもおそらく、あなたが望みさえすればどんな商品も協働の対象になると考えている。

ガイの「高潔の士《メンシュ》」適性テスト（GMAT）*

最高のアナログ行動にぴったりのことばがある——「高潔の士《メンシュ》」だ。これは、倫理的で、公正で、品格があるために、讃えられ、尊敬され、信頼される人を指すイディッシュ語だ。たとえば、

●一一点先取の女子バスケットボールの試合で、いまスコアは一〇対一〇。次の試合

を待つ人が大勢いるので、負けたチームは抜けなければならない。そのときひとりの選手がダブルドリブルをしてしまった。誰もそれに気づかなかったが、彼女は反則を自己申告し、相手チームにボールを渡した。彼女は高潔の士だ。

●ビジネス書の執筆者が、ほかの本からアイデアを得る（たとえば、ビジネスで高潔さが果たす役割とか……）。その本からは何も引用しないし、使うのは核となるアイデアだけだが、著者の名前を自著に記して感謝する。そうするのが礼儀だと思うからだ。この執筆者は高潔の士である。

●成功している大手宝石店で働くダイヤモンド製品のバイヤーが、開業まもない小さな宝石デザイン事務所に注文を出す。その事務所が自分の店の仕事を喉から手が出るほど欲しがっていて、そのためなら支払いを大幅に遅らせても許してくれることはわかっているが、バイヤーは通常の期限どおりに代金を支払う。このバイヤーは高潔の士だ。

ビジネスにおいて（人生においても）、高潔な革命家は非常に有利である。人々は

＊このテストのアイデアは、スーザン・ロアンの著書 *The Secrets of Savvy Networking* から得た。

尊敬できる人間を信頼するものだからだ。そこでこの章の結びとして、「高潔度指数（ＭＱ）を計測する「ガイ《G》の『高潔《M》の士』適正《A》テスト《T》」（ＧＭＡＴ）を紹介しよう。

●あなたはとくに得られるものがなくても人を助けますか？
　よく助ける（10点）
　ときどき助ける（５点）
　助けない（０点）

●あなたは借りたものを返しますか？
　かならず返す（10点）
　ときどき返す（５点）
　返さない（０点）
　借りってなんだっけ？（マイナス５点）

●ビジネスパートナーを集めたパーティで、彼らの配偶者が楽しくすごせるように配慮しますか？

かならず（10点）
ときどき（5点）
まったく配慮しない（0点）
配偶者ってなんだっけ？（マイナス5点）

●どのくらいの頻度で手書きのメッセージを送りますか？
週に五回以上（10点）
週に一～四回（5点）
まったく送らない（0点）

●手紙、ファクス、Eメールをもらったときに、どのくらい早く返信しますか？
一時間以内（15点）
一日以内（10点）
一週間以内（5点）
一年以内（マイナス5点）

●「秘書は、私と会いたい人とのあいだにあるただの障害物だ」
反対（10点）
賛成（0点）
秘書ってなんだっけ？（マイナス5点）

【採点】
●60〜65点：あなたはメンシュのなかのメンシュです。レオ・ロステン著『イディッシュ語の喜び』の次の版で、メンシュの例としてあげてもらうべきでしょう。
●45〜60点：MBA取得者とあまりつき合わなければ、まだメンシュになれるチャンスはあります。
●25〜45点：中古車を販売しなさい。
●0〜25点：壊れた中古車を販売しなさい。

革命家のための読み物

●*Net.Gain – Expanding Markets Through Virtual Communities*, John Hagel III and Arthur G. Arm strong, Harvard Business School Press, 1997, ISBN: 0875847595　ジョン・ヘーゲル三世、アーサー・G・アームストロング『ネットで儲けろ』(日経BP社)

● *The One to One Future: Building Relationships One Customer at a Time*, Don Peppers and Martha Rogers, Currency/Doubleday, 1997, ISBN: 0385485662　ドン・ペパーズ、マーサ・ロジャーズ『One to Oneマーケティング』(ダイヤモンド社)

● *The Secrets of Savvy Networking: How to Make the Best Connections for Business and Personal Success*, Susan RoAne, Warner Books, 1993, ISBN: 0446394106

● *Turned On – Eight Vital Insights to Energize Your People, Customers, and Profits*, Roger Dow and Susan Cook, HarperBusiness, 1997, ISBN: 0887308619

9 自分がやらないことは人にも頼まない

私の嗜好は単純そのものだ。最高のものにたやすく満足する。
——オスカー・ワイルド

一一万ドルの教訓

五年前、私はあるソフトウェア会社に一一万ドルを投資した。だが、スプレッドシートとデータベースの機能をあわせ持つハイエンドのアプリケーションを売るはずのその会社は、あえなく倒産し、私は投資金額のすべてを失った。

その会社の取締役でもあった私は、大きな決断がなされるときにはかならずその場にいた。取締役会で、営業担当の副社長が次のように言ったのをはっきりと憶えている。①ベータ（試験運用）サイトが一一〇〇あります、②みんなうちの製品が大好きです、③最終的な発売の一カ月前に、購入注文か前払い注文の数を確認しておきます（この話があったのは、発売予定日の半年前だった）。

私はその副社長に、まだ発売されていない製品にどうして前払いする企業がいるのだと質問した。副社長と社長の返答は、私が「企業向け市場」を理解していないというものだった（職歴が一般消費者向けソフトウェアだったから）。自社の製品は非常に革命的なので、顧客は喜んで金を払うとも言った。

だが実際には、潜在顧客は発売前に注文も前払いもせず、ソフトウェアの出荷は遅れた。それ以外はすべて好調だったが、ほどなく会社は現金不足でつぶれ、ベンチャー投資家も追加出資してくれず、それで革命は終わりだった。

ただ、私の一一万ドルはまったく無駄になったわけではない。それだけの金額を払って、重要な教訓をひとつ得たからだ。すなわち、「自分がやらないことを顧客に頼んではいけない」。

じつはそのときの教訓は三つあり、革命に本当にかかわるのはこれだけなのだが、金の無駄使いではなかったと納得するために、あとのふたつもあげておこう。

●取締役にご用心　もしあなたが会社の幹部とか取締役などの責任ある地位につき、明らかに常識に反することを見つけたら、黙っていてはいけない。あなた自身がまちがっていたと納得するか、相手があなたの意見にしたがうまで、断固反論しつづけること。

●ソフトウェア企業では、製品発売の二カ月前になるまで、最終的な発売日はわからない　「発売予定のソフトウェアはいまどういう段階ですか」という質問に対する企業側の典型的な回答は、じつのところ次のような意味である。「機能は完成しています」＝発売まで一年。「パフォーマンスを最適化しています」＝発売まで半年。「ベータサイトではとても好評です」＝ベンチャー投資家はつぎこんだ金を回収できない。「その情報は控えさせていただきます」＝製品を最初から作り直している。「三〇日から六〇日のあいだに」＝次の株主総会前に。

パソコンのソフトウェアに事前注文を出したり前払いしたりする会社は、この惑星のどこにも存在しない。自分たちが会計ソフトを買うときだって、そんなことはしないはずだ。それなのに私たちは、顧客はしてくれると思ってしまった。

顧客のイライラから学ぶ

みんながみんな、教訓を実体験するために一一万ドルを費やす必要はない。すでにあなたはこの本の値段分だけで三つの教訓を得た。さらに、顧客の苛立ちと引きかえに教訓が得られたという例を、ふたつ紹介しよう。

あるカリフォルニアの銀行が、コンピュータを使って、夕方自宅にいる人々に電話をかけた。相手が出ると、コンピュータの音声で「少々お待ちください」と流れ、営業担当者に代わる仕組みだった。[1]

その銀行のマーケティング部門は何を考えていたのだろう。ホームバンキング（これは革命的なアイデア）からホールド（お待ちください）バンキングへの移行は「進歩」ではない。もしその銀行の幹部が家にいるときに、別の会社からそんな電話がかかってきたら、腹が立つどころではないだろう。なのに自分の顧客にはそういうことをしてしまうのだ。

練習問題

今度、自宅に勧誘の電話がかかってきたら、相手の電話番号を尋ね、今晩あなたが自宅にいるときに電話しますよと答えてみよう。

二番目の例は「うちのやり方にしたがえ」サービスだ。私の調査アシスタントのミッシェル・モレノはＡＴ＆Ｔのコードレス電話を使っていたが、故障したので同社の保証修理部門に電話をかけたところ、次のような案内をされた。

●まず挨拶として、AT&Tの保証修理部門がルーセント・テクノロジーズに改称したことを知らされた。
●そのあと、三つの部門のなかから選択させられた。
●そのあと、四つのサービスのなかから選択。
●さらに、どの製品かを選ばされた。
●その次に、モデル番号を入力しなければならなかった。
●すると今度は、よくある七つのタイプの問題のどれにあたるかを選ばされた。
●自分が抱えている問題の番号を入力すると、電話をいったん切ってから四つのステップを試してみるように言われた。
●そして録音の声が言った。「以上のことを試しても正常に動作しないようでしたら、もう一度この八〇〇番にかけて、＊7でオペレータを呼び出してください」

問題解決にボイスメールを利用するテクノロジーは大歓迎だが、顧客をこの種の迷路に放りこむのは失礼である。AT&Tは「うちのやり方にしたがえ」と叫んでいるようなものだ。

練習問題

あなたの会社にボイスメールがあるなら、一度かけてみて、AT&Tより誠実かどうか確かめよう。

心配性を克服する

ことによると作り話かもしれないが、ノードストロームでは、「おたくの店でタイヤを買った」と主張する顧客の返金に応じたという。当然ながら、ノードストロームでタイヤは売っていない。

心配性の人は「もし車を持っている人全員がタイヤを返品したいと言ってきたら、ノードストロームは破産だ！」と考える。だが、実際にそんなことは起きず（ふつうの人はそんなことはしない）、ノードストロームが売ってもいない商品の返品で破産するおそれはない。

一般に、マネジャーは顧客が喜ぶ革命的な施策をためらう。あまりにも多くの顧客がそれを利用して、店が「タイヤ」だらけになってしまうのを怖れるからだ。

従業員に権限を与える

権限を与えられた従業員は顧客に集中できる。支援があって自由に動けるので、顧客にとっていちばんいい方法で、いちばんいいことができる。しかし、そこに余計な「マネジメント」

が介入すると、目標や標準を設定し、収支計算の恐怖を植えつけて、まちがいが起きはじめる。たとえば、リッツ・カールトンの従業員（一万四〇〇〇人）は、宿泊客の問題を解決するのに二〇〇〇ドルまで使っていいという権限を与えられている。管理者にかぎらず、部屋の清掃係や、ポーターや、ドアマンも含めてだ。[2]

もし全従業員がそれぞれひとりの顧客に二〇〇〇ドル使ったら、リッツ・カールトンはおそらく破産する（一万四〇〇〇人×二〇〇〇ドル＝二八〇〇〇万ドル）が、従業員はそこまで愚かではないし、宿泊客もそこまで悪質ではない。

権限を与えられた従業員は、利益と顧客ロイヤルティを生み出す。

かつて私の友人は、会計の誤りを正す権限も意欲もないある航空会社の係員に苛立ち、サウスウェスト航空のカウンターに行って事情を説明したことがある。

すると話を聞いた係員は、彼が七日前に航空券を購入したことにして、その場で会計をまちがえた他社の三〇日前予約と同じ額を提示したという。この従業員の対応によって、サウスウエスト航空は本来得られるはずのなかった二五〇ドル相当のビジネスを得たうえ、ロイヤルティの高い顧客もひとり獲得した。

このカウンター係は、権限にもとづいて思いきった「アナログ」の対応をした。正式な規則はいろいろあったのだろうが、顧客にとって正しいことを優先したのだ。

顧客に決めさせる

権限のある従業員の「裏面」は、権限のある顧客だ。顧客は、自分に権限がないと感じると、否定的で強硬な態度になる（そして1章で述べたとおり、無力感は競争相手に市場開拓のチャンスを与えてしまう）。

たとえば、ある航空会社があなたのスーツケースをなくし、見つけるまでに四八時間待っていただくのが決まりですと言い、そのあと、歯ブラシをお買い求めになるのなら、その代金はこちらでお支払いします、と言ったとしたらどうか。そもそもスーツケースをなくしたのは誰なのか。この航空会社の係員は四八時間、歯を磨かないのだろうか。

こういうとき、もっとも効率のいい方法は、顧客にコントロールさせることだ。それにはふたつのステップがある。

まず、顧客に正確で誠実な情報を与える。たとえば、ユナイテッド・パーセル・サービス（UPS）では、顧客に配送中の荷物の場所を知らせている。サイトで問い合わせ番号を入力するか、件名に問い合わせ番号を入れたEメールをサーバーに送るだけで、荷物が世界のどこにあっても追跡できるシステムだ。

そのうえで、どうしたいかを顧客に決めてもらう。権限のある従業員に、権限のある顧客の対応をまかせるのだ。大多数の人は無茶を言わない。自分でコントロールできると思っている顧客は、失敗やあやまち（いつかかならず生じる）をたいてい大目に見てくれるのがわかるだろう。

約束は小さく、結果は大きく

あまりにもシンプルなアドバイスで驚かれるかもしれないが、もっと驚くのは、これを実行している人があまりにも少ないことだ。達成できるとわかっていることだけ約束し、それ以上の成果を出すよう努力する——これはぜひ信条にしてほしい。

多くの革命が実現しなかったのは、宣伝が派手すぎたからだ。

人をだませということか？　そのとおり。約束を果たせば（少なくともそれは必須）、みんな驚いて喜ぶが、約束を超える成果を出せば、喜ぶどころではない。この一点だけで、あなたを革命家と見なすかもしれない。

練習問題

つぎの文は正しいか、まちがいか。

「ディズニーランドとディズニーワールドの待ち行列の横にある、実際に乗りこめるまでの時間の表示は、わざと長めに出されている」

おかしな顧客対応

もしハワイに旅行したことがあるなら、空港や、ホテルや、観光名所などに「カマアイナ」料金が設定されているのに気づいたかもしれない。カマアイナとは「地元民」を表すハワイ語で、彼らの料金はほかの人たちより二、三割安い。出身地に関係なく現在ハワイに住む州民全員が対象だ（私の場合、ハワイに二〇年以上住んでいたが、現在はカリフォルニアの州民なので、観光客と同じ料金）。

ハワイでは、企業もカマアイナ料金を支持する。カマアイナは、長期のリピート顧客であり、地元の共同体のメンバーを優遇することは広報上もプラスになるからだ。これとは対照的に、ふつうほとんどの企業は、新しいビジネスを求めるあまり（またもや市場シェアのデスマグネット！）、いまいる顧客より、新しい顧客か競合他社の顧客を優遇してしまう。

顧客を観光客のように扱っている例をふたつあげよう。

ひとつめ。あるオーディオ専門誌が高音質録音のCDを作ったが、新規購読者はそのCDを無料でもらえたのに対して、すでに購読していた人たちは一七ドル支払わなければならなかった。[3]この雑誌以外にも多くの雑誌で、購読の更新より新規申込のほうが安い料金設定にしている。購読者の立場からすれば、いちどやめたあとで購読を再開するか、競合他社に鞍替えしたほうが得である。

ふたつめ。たいていの携帯電話会社は、新しい契約者に対しては新機種を無料で提供するが、すでに契約している人からは機種代の全額を徴収する。当然ながら、顧客の多くは携帯電話会社を乗り換え、別会社の「新規」顧客になっている。[4]

「他者中心思考」の実例

この章のここまでは、あなたがみずからやらない（悪い／愚かな／不便な／またはたんに論外の）ことを顧客に押しつけると、マイナス効果になるから避けようという話だった。しかし、もし競争相手が人々にそういうことを押しつけた場合には、チャンスが生まれる。あなたはただ「他者中心」に考えるだけでいいのだ。

アダム・M・ブランデンバーガーとバリー・J・ネイルバフは、共著書『ゲーム理論で勝つ経営』（日本経済新聞社）で、他者中心に考えることについて論じている。彼らは言う。別のタイプの人間になったつもりで考えよう、別のタイプの人間として課題と向き合おう、と。[5]

その本のなかに、家電メーカー、ワールプールの社員の例が出てくる。この社員は、フルタイムで働きながら子供を育てている女性のニュース特集を見て、家電製品で何か手助けできないかと考えた。そして、ガスレンジから五徳などを取り除いた完全にフラットなＩＨ製品や、母親をイライラさせない、音の静かな食器洗い機を生み出した。忙しい母親の視点で家事を見ることによって、ワールプールは製品の幅を大きく広げたのだ。

他者中心の考え方がさらに発展しそうな例をあげてみよう。

●高齢者　カリフォルニア州オクスナードにあるチルドレンズ・ワンダーランドは、六歳未満の子供を預かる保育施設だが、体が衰弱したり認知症にかかったりしたお年寄りも一五人ほどいる。子供と遊べるおかげで、ここのお年寄りは通常の老人ホームのように退屈したり孤独を感じたりすることがない。[6] あなただって一日じゅう退屈したくはないだろう。お年寄りだって同じだ。

●妊婦　マークとマットのエマーソン兄弟は、二七歳の双子にしてマターナル・コンセプツの共同創設者だ。ふたりとも未婚で子供もいないが、他者中心の発想で、プリネイタル・ベイビー・クレイドルという妊婦用のエアマットレスを作った。穴がふたつ空いているので（ひとつは「胸用」、もうひとつは「お腹用」）妊婦でもうつぶせで寝られる。レンタル料は三カ月一五七ドル、また妊娠する予定があれば二四九・九五ドルで買うこともできる。[7]

練習問題（男性のみ）

一〇キロくらいの重りを九カ月間、腹に巻きつけて、どんな感じか確かめてみよう。

●体の不自由な人　オンタリオ・リハビリテーション・テクノロジー・コンソーシアムのデザイナーは、脳性麻痺の子供とその介護者の立場から考えた便座を開発した。それまで市場に出まわっていた便座は、ストラップとバックルを使って子供を固定する、見た目も少々怖いもので、使い心地も悪かった。だがコンソーシアムのデザイナーは、坐ったときの安定性に力を注ぎ、ストラップやバックルを不要にした。介護者がはるかに扱いやすいのはもちろん、脳性麻痺の子供にとっても、その家族にとっても魅力的だ。[8]

●韓国人　キムチは時間がたつと、発酵によって発生したガスのせいで、容器の蓋がはずれてしまうことが多い。そこでタッパーウェア社は、韓国人の立場で考えたキムチ・キーパーという商品を開発した。大型容器に柔らかいドームがついていて、キムチからガスが出ると、そこがふくらんで開いてガスを逃がす。容器の下が丸くへこんでいるので、積み重ねることもできる。

クールにいこう

この章の締めくくりに、本書のメーリングリスト経由で入ってきた話を紹介しよう。自分がやらないことは人にも頼まないということが、いかに大事かを教えてくれる話だ。

スリランカで、とある小さな銀行が生まれ、そもそも競争の激しい業界で独自の市場を確保しようとしていた。[9] その銀行の頭取はコンサルタントを雇い、ある日、自分の銀行と競争相手の支店を見せてまわった。すると、外は蒸し暑く空気も汚れているのに、行内はどこも冷房がかかっていない。その銀行の支店も、競争相手の支店もみな、朝、扉や鉄格子をはずして開店し、その日の終わりにそれらを戻すだけの貧相なものだった。それなのに、当の視察団は冷房の効いた五つ星のホテルで美味しい昼食をとり、やはり冷房の効いた頭取のオフィスに戻っていった。

コンサルタントの提案はシンプルだった——全支店に冷房を入れなさい。

そのアドバイスのおかげもあって、この銀行は好調なスタートをきることができた。経営陣はいまも、所在地にかかわらずすべての支店に冷房を完備している。もはや蒸し暑く汚れた空気のなかで銀行業を営みたくないからだ。

ほんの小さなことが、あなたの革命を推し進めたり、中断させたりする。つねに顧客の立場からものごとを考えれば、前者の可能性がはるかに高くなることは言うまでもない。

練習問題

エアコンの発明による効果はどれか？[10]

Ⓐ連邦政府の官僚機構が大きくなった。
Ⓑ映画に行くのがもっと楽しくなった。
Ⓒ南部の州で隣人同士のつき合いが減った。
Ⓓラスベガスが生まれた。
Ⓔ以上のすべて

革命家のための読み物

● *Marketing High Technology – An Insider's View, William H. Davidow*, Free Press, 1986, ISBN: 002907990X　ウィリアム・H・ダビドウ『ハイテク企業のマーケティング戦略』（TBSブリタニカ）

パート IV 革命家に贈る言葉

10　まぬけなことに頭を悩ますな（ネ・テ・テラント・モラリイ）*

「名言」①　テクノロジーと発明

●パリ万博が終われば、電灯もなくなり、以後その名を耳にすることもなくなるだろう。

——エラスムス・ウィルソン（オクスフォード大学教授。一八七八年）

●知識豊富な人々は、電線で声を伝えるなど不可能だし、できたとしてもそれに現実的な価値はないことを知っている。

——ボストン・ポスト紙の社説（一八六五年）

●この「電話」なるものには欠点が多すぎ、通信手段としてまじめに考慮するわけにはいかない。わが社にとって本質的に無価値な機器である。

――ウエスタンユニオン社の社内メモ（一八七六年）

●この国が将来にわたって必要とする無線電話機のすべてを、この部屋ひとつに収めることができるよ。

――W・W・ディーン（電話会社ディーン社長。一九〇七年、無線電信のパイオニア、リー・ド・フォレストに言ったことば）

●テレビは理論的、技術的には製造可能かもしれないが、商業的、財務的に成功するとはとても考えられない。よって、開発を夢見て時間を浪費すべきではない。

――リー・ド・フォレスト（一九二六年、ニューヨーク・タイムズに引用されたことば）

＊このラテン語の句をそのまま訳すと「怠け者の粉屋に頭を悩ますな」。訳してくれたノーウィッチ・フリー・アカデミーのニナ・バークレーに感謝。

●将来、科学がいかに進歩しようとも、人類が月に到達することはない。

——リー・ド・フォレスト（オーディオン管の発明者。一九五七年二月二五日付ニューヨーク・タイムズより）

●私はこの科学というものにうんざりしている……ここ数年、あの種のものに何百万ドルと費やしてきたが、そろそろやめるべきときだ。

——サイモン・キャメロン（ペンシルベニア州上院議員。一八六一年、スミソニアン学術協会への資金提供中止を要求して）

●発明が可能なものは、すべて発明され尽くした。

——チャールズ・H・ドゥエル（アメリカ特許庁長官。一八九九年）

「名言」② コンピュータ

●コンピュータの世界市場の規模はだいたい五台だと思う。

——トマス・ワトソン（IBM会長）の発言とされる（一九四三年）

●私はこの国をさんざん旅行して、実業界の最高峰の人々と話してきた。そのうえでもっとも信頼できる情報として断言するが、データプロセシングは一時的な流行であり、今年いっぱいもたないだろう。

——プレンティスホール社のビジネス書担当編集者（一九五七年ごろ、データプロセシングに関する原稿を推した部下の編集者カール・V・カーストロムに対して）

●いかなる個人にも、家庭でコンピュータを持つ理由はない。

——ケン・オルセン（デジタル・イクイップメント・コーポレーション〔DEC〕社長。一九七七年、ワールド・フューチャー・ソサエティ総会にて）

●僕たちはアタリを訪ねて言った。「ねえ、こんなすごいものができたんだ。アタリの部品も使ってる。資金を提供してくれませんか。この商品をあなたたちにあげてもいい。そうしたいんだ。僕たちの給料を払ってくれるなら、ここに来て働きますよ」。すると彼らはノーと答えた。そこで今度はヒューレット・パッカード（HP）を訪ねると、「きみたちは必要ない。大学すら出てないじゃないか」と言われた。

――スティーブ・ジョブズ（スティーブ・ウォズニアックとともに開発したパソコンに興味を示した、アタリとＨＰに出資を求めて）

●どんな人にとっても、メモリは６４０Ｋあれば充分だ。

――ビル・ゲイツ（一九八一年）

「名言」③ 乗り物

●ふつうの「馬なし馬車」は、いまのところ裕福な人のための贅沢品である。今後おそらく価格は下がるだろうが、当然ながら自転車のように普及はしない。

――リテラリー・ダイジェスト誌（一八九九年一〇月一四日）

●自動車が実質的に開発の限界に達したことは、過去一年、大きな改善がまったく見られなかったことからも推察される。

――サイエンティフィック・アメリカン誌（一九〇九年一月二日）

●空気より重い機械が飛ぶことは不可能だ。

――ロード・ケルビン（イギリスの数学者、物理学者、ブリティッシュ・ロイヤル・ソサエティ会長。一八九五年ごろ）

●飛行機は興味深いおもちゃだが、軍事的価値はない。

――マレシャル・フェルディナンド・フォック（フランス士官学校の戦略専門教授。一九一一年）

●ゴダード教授は作用と反作用の関係を理解していない。反作用を起こすためには、真空よりましなものを見つける必要がある。ハイスクールで毎日教えられている初歩的な知識すら持っていないようだ。

――ニューヨーク・タイムズ紙社説（一九二一年、ロバート・ゴダードの革命的な液体燃料ロケットの業績について）

「名言」④　政治的革命

●フランス人には国王は殺せない。

――フランス国王ルイ一六世（一七八九年ごろ。ルイ一六世は国家反逆罪で有罪となり、一七九三年に断首刑に処された）

●ここの憲法は帆ばかりで錨《いかり》がない……シーザーかナポレオンが腕ずくで政治の手綱を握らなければ、この共和国は……五世紀のローマ帝国のように、二〇世紀には野蛮人の手によって荒廃するだろう。

――トマス・バビントン・マコーリー（イギリスの政治家、著作家。一八五七年）

「名言」⑤ 新規ビジネス

●C

――一九六五年、経済学の期末試験でチャリス・A・ホール・ジュニア教授がフレッド・スミスに与えた評価（スミスは答案で書いたハブ・アンド・スポーク理論を使って、フェデラルエクスプレス社を設立した）[1]

●クッキーの店というアイデアはよくない。それに市場調査によると、アメリカ人はあなたが作っているような柔らかくて弾力のあるクッキーより、サクサクした歯ごたえのクッキーを好む。

――デビ・フィールズ（のちにミセス・フィールズ・クッキーズを創設）のアイデアに対して

「名言」⑥ エンターテインメント

●想像するかぎり、無線のオルゴールに商業的価値はない。不特定多数の人間に送るメッセージに誰が金を払うというのだ？

——一九二〇年代に、デイビッド・サーノフにラジオへの投資を勧められた同僚たちの反応

●同じ料金でジョーン・クロフォードの豊満な胸が見られるというのに、おとぎ話のプリンセスの絵に誰が入場料を払ったりするだろう。

——ルイス・B・メイヤー（映画プロデューサー。ディズニー映画『白雪姫』について）

●映画はちょっとした流行にすぎない。いわば缶詰の演劇だ。観客が本当に見たいのは、舞台に立った生身の人間なのだ。

——チャーリー・チャップリン（一九一六年ごろ）

「名言」⑦ 医療

●（ルイ・パスツールの）細菌に関する理論は、馬鹿げた創作である。

——ピエール・パシェ（トゥールーズ大学生理学教授。一八七二年）

●賢明で人道的な外科医は、人の腹部、胸部、脳には永遠にメスを入れないだろう。
——ジョン・エリック・エリクセン卿（ヴィクトリア女王の特命外科医に任命されたイギリスの外科医。一八三七年）

「名言」⑧ 人物

●彼の評判が永遠に続くとは思わない。
——サタデー・レビュー紙（チャールズ・ディケンズについて。ロンドン。一八五八年五月八日）

●遺憾ながら、ミスター・キップリング、あなたは英語の使い方をご存じないようです。
——サンフランシスコ・エグザミナー紙編集長（一度記事を書いたラドヤード・キップリングに、二度目は書いてくれるなと告げたときに。一八八九年）

●失敗作で恥をかくのがクラーク・ゲーブルで、ゲイリー・クーパーでないのがうれしい。
——ゲイリー・クーパー（『風と共に去りぬ』の主役を引き受けなかったことについて）

●ゴーギャンは……狂気にまみれた装飾家だ。

――ケニヨン・コックス（アメリカの画家、芸術批評家。一九一三年三月一五日付ハーパーズ・ウィークリー誌より）

●彼は内角の球が打てない。もし白人だったら、大リーグに来られたかどうかもわからない素材だ。

――ボブ・フェラー（クリーブランド・インディアンズの投手。ドジャーズが黒人初の大リーガーであるジャッキー・ロビンソンと契約したことについて。一九四五年）

●通勤するには遠すぎるし、そもそも検索エンジンでどんなビジネスができる？

――ガイ・カワサキ（創業まもないヤフーのCEO職の面接を受けたいかと訊かれて）

「まぬけ」と「まぬけなこと」のちがい

最初、私はこの章のタイトルを「まぬけに頭を悩ますな」にするつもりだったが、取り上げた人々の功績を考えると（まして自分自身の例もあげたことだし……）、それぞれの文脈から切り離した引用ひとつで人を「まぬけ」呼ばわりすること自体が「まぬけ」であることに気がついた。

取り柄なしの愚か者はめったにいない。たしかに、電話など役に立たないと言った人もいれば、フェデラルエクスプレスのビジネスプランにC評価をつけた人もいるが、その反面、同じ人たちが、すばらしいマネジャーだったり、立派な子供を育てたり、何百人もの生徒を勇気づけたり、なんらかの方法で世界をよりよい場所に変えたりしている。そういう人は「まぬけ」だろうか？　ちがうと思う。*

だからこの章のタイトルは、「まぬけなこと」に頭を悩ますな、とした。こうすれば、一時的な状況というニュアンスも出る。とはいえ、その「まぬけなこと」を完全に排除するまえに、「頭を悩ますな」のほうを強調しておきたい。これについて何よりもうまく説明しているのは、よく知られた絵本『にんじんのたね』（ルース・クラウス著、クロケット・ジョンソン絵／こぐま社）だ。ここにすべてを再掲する。

＊この専門家たちの発言の数々を楽しいと思ったかたは、クリストファー・サーフとビクター・ナバスキー著 *The Experts Speak* をぜひ読むといい。私の引用の多くは、この「まぬけなこと」の聖典からだ。

男の子が
ニンジンの種をまきました。

お母さんは
「きっと芽は出ないわよ」
と言いました。

お父さんも
「きっと芽は出ないな」
と言いました。

お兄ちゃんも
「出るもんか」

男の子は
毎日まわりの草を抜き、
種に水をやりました。

でも
芽は出てきませんでした。

あいかわらず出ません。

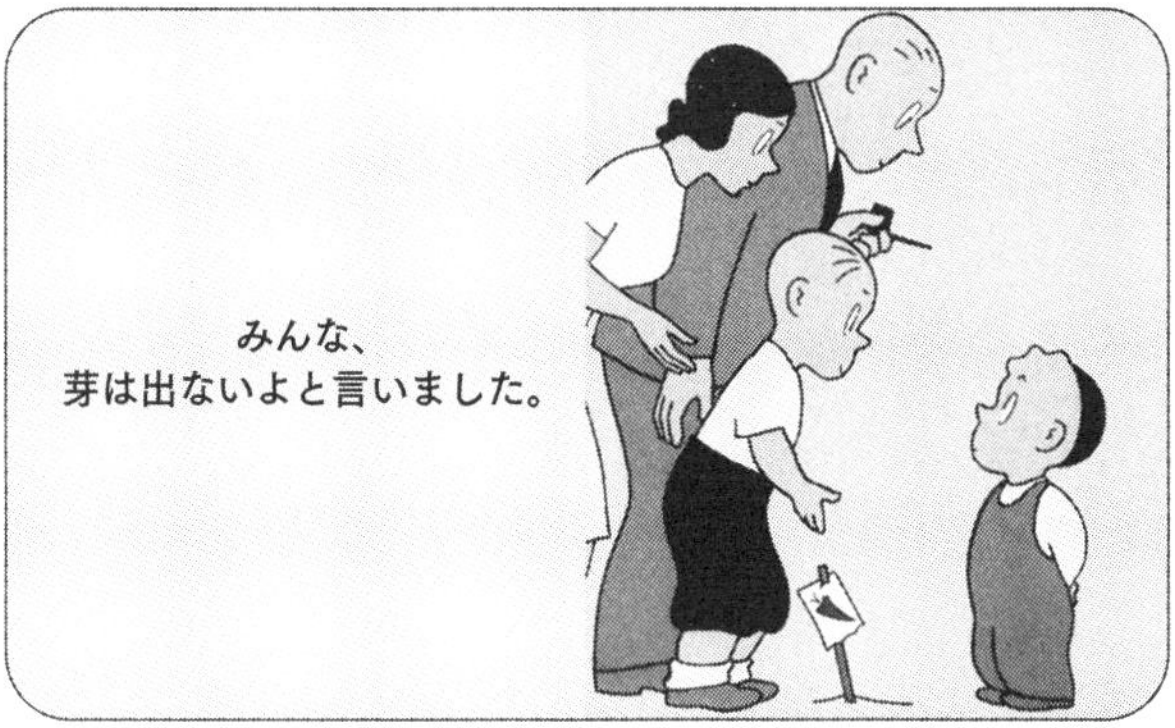
みんな、
芽は出ないよと言いました。

それでも男の子は
毎日まわりの草を抜き、
種に水をやりつづけました。

そしてある日、

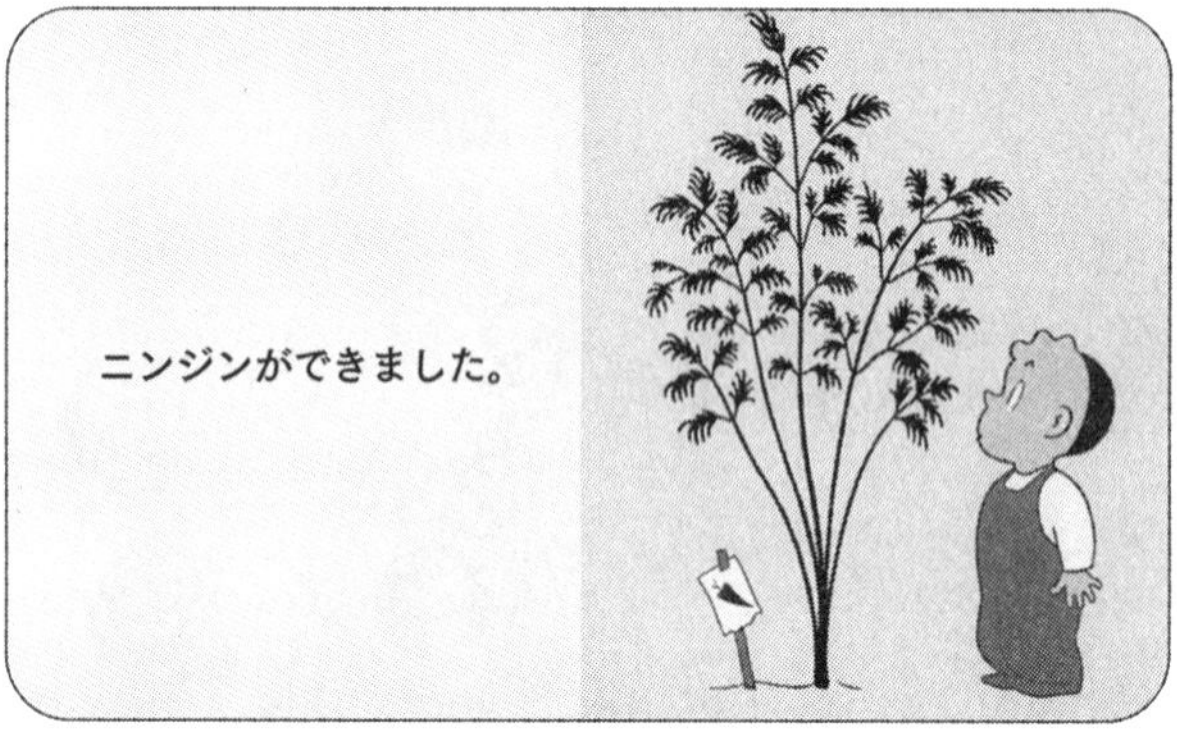
ニンジンができました。

男の子には
初めからわかっていたのです。

なぜ「まぬけなこと」が存在するのか

ここでこの本は終わりにしてもいい。『にんじんのたね』がすべてを語っているからだ。種をまく、雑草を抜く、水をやる、そして信じる。しかし、「まぬけなこと」についてもっと学びたいなら、先を読んでほしい。

マッシモ・ピアテッリ＝パルマリーニは、著書 *Inevitable Illusions* のなかで、知らないことを知っていると人に思いこませる「七つの大罪」をあげている。なぜまぬけなことが存在するのか、これでわかるだろう。わかれば、打ち勝てるようにもなる。以下に紹介しよう。

●**自信過剰**　人はある話題について知れば知るほど自信過剰になり、思いこみからまちがいを犯しやすくなる。経営情報システムの担当者がコンピュータについて誤解しやすいのはこのためだ。

練習問題

本当か、嘘か――ジャガイモ発祥の地はペルーである。

●**魔法の考え方**　ものごとに関連性を見つけると、人はそれを別の情報で補強し、さらにその情報を正当化してしまう。人間は本来、否定や批判より、補強と正当化をめざすものだ。

●後知恵の預言　あることが起きたあとで、自分はこれを預言していたと思いこむことがよくある。たとえば、ある商品が失敗したとき、自分には失敗することが最初から「わかっていた」と思いこむ。預言は事件が起きたあとではなく、起きるまえに聞こう。

●安住　人はそれまでの意見に安住しやすく、そこから離れるのには努力がいる。だから、かぎられた意見しか持てない。先ほどの「まぬけなこと」の引用のほとんどは、安住した意見の先を見通せないことから来ている。

●安易な説明　人は何かが起きると想像しやすいと、それが実際に起きていると思いこみやすい。たとえば、テレビ番組やニュースのせいで殺人は容易に想像できるから、おそらくみな殺人の件数のほうが自殺の件数より多いと思っている。だが、実際には自殺で亡くなる人のほうが多い。

●確率の目隠し　ほとんどの人は確率を正しく理解していない。1章で紹介したピアテッリ＝パルマリーニの例によると、人は、賞が当たる確率が三二パーセントから三七パーセントに上がるより、九四パーセントから九九パーセントに上がるほうが望ましいと考える。同じ五パーセントなのに、だ。こうした誤解ゆえに、州の宝くじは莫大な儲けを出している。

●勝手な筋書き　数学的に考えると、ふたつの事象が続けて起きる確率は、それぞれが単独で起きる確率よりつねに低い。しかし、ありそうにない事象をつなぎ合わせて、より信憑性の高い（低い、ではなく）最終結果を導いてしまうことがよくある。たとえば、アメリカがメキシコに侵攻し、メキシコが中国の支給する核兵器で報復し、アメリカが中国を攻撃し、中国が反撃し、世界が滅びるとか……。

ウィンドウズ帝国に対抗する革命的なパソコンのアイデアを持った、若くて有望な起業家がいるとする。この人物はいま説明した七つの大罪を乗り越えられるだろうか。

この会社は失敗する、と「専門家」は言う。あるコンピュータ企業のプロダクトマネジャーだった人で、いまはIDCで業界分析をしていて、発言がビジネス誌にもよく引用されるこの専門家は、無事でいられるチャンスは子供部屋に置いたシャンパングラスほどもないと起業家に告げる（自信過剰）。

彼は自説を次のように補強して、自分の専門知識の確かさを「証明」する。「アップルがもたつくのはわかっていた。マイクロソフトの業界標準のOSをサポートしなかったからね」（後知恵の預言）。

ほどなく起業家の新しいコンピュータは、いくつかのニッチ市場に歓迎されて成功する。それでも専門家は、失敗するという最初の思いこみから離れられず、そのコンピュータが「標準プラットフォーム」になることはないと信じている（安住）。

主流メディアもこの暗い見通しに賛同する。小さな新興コンピュータ企業が、ウィンドウズマシンを販売する巨大企業との闘いに敗れることは想像しやすいからだ（安易な説明）。

最後のきわめて気まずい会合で、専門家は起業家に、どうしてあなたの会社がまちがいなく倒産するのかを説明する。

●ワシントンDCの新政府がビジネス規制から手を引く。
●そうして司法省から解放されたマイクロソフトは、好きな方法で競争できるようになる。
●マイクロソフトは新聞や全国ネットのテレビを含めた報道機関を買収して、インターネット上の情報検索と配信に関する標準をすべて定め、永久にコントロールすることができる。
●一〇〇パーセント近い市場シェアと無限の資金によって、マイクロソフトは世界じゅうから優秀な大学卒業生を雇い入れる。
●そして一〇年後、マイクロソフトは世界を支配している（勝手な筋書き）。

「でも」をやっつけよう

革命家の人生は、「でも」をやっつけることで成り立っている。「じつにおもしろい商品だ。

でも……」、「ほかにいい方法が必要なのはわかっている。でも……」、「きみを助けてあげたい。でも……」。こうした「でも」思考をやっつける方法をいくつか紹介しよう。

●**専門家ではなく、顧客に集中する**　顧客にとって正しいことをしていれば、最終的には専門家も、報道機関やアナリストや批判者も、認めざるをえない。一方、専門家を喜ばせることをしていれば、顧客のためになることもあるかもしれないが、リスクは高い。顧客にとって正しくなかった場合は、ほぼまちがいなく失敗するからだ。

●**肩書きや外見にだまされない**[2]　本物の専門性を見きわめ、知識と関連した外見には惑わされない。立派な肩書き（「教授」など）を持っている、高価な服を着ている、かっこいい車に乗っているからといって、話を聞くに値する人物と決まったわけではない。逆に、ジーンズをはき、オンボロ車に乗っていても、話を聞くべき人はいる。

●**権威を疑う**　まず「この人は本物の専門家だろうか」と自問する。[3] そのあと「この専門家のことばをどこまで信用することができるだろうか」と問う。最初の質問によって、（前項で述べた）その人の外見ではなく本当に重要なこと、つまり何を知っているかに集中することができる。そして二番目の質問で、専門家が話すことの本当の意味を、完全に理解することに集中できる。

●話を聞いてかき混ぜる《チャーン》　人々の反論は引き出して、必要に応じて対処すべきだ。反論があるからといって革命が失敗するわけではない。対処するにしても、関係ないと判断するにしても、大事なのは改善を進めることだ。革命は一回かぎりの出来事ではなく、プロセスである。人は飛べない？　なぜ？　エンジンのパワーが足りない。翼が重量を支えきれない。飛行機を空中で安定させることができない。それならば、エンジンを改善し、翼を改善し、コントロールを改善して飛ぶまでだ。「人は飛べない」というまぬけな思いこみで立ち止まってはならない。

●闘いに負けたと考えない　翌日も闘えるなら、まだ負けたことにはならない。別の会社、別の商品で闘いは続く。本当に負けるのは、あなたが降参したときだ。しかし逆に、闘いに勝ったと思ってもいけない。勝ったと思ったその瞬間、あなたが現状を打破したときと同じように、ガレージにいるふたり（性別はご自由に）が次なる革命を起こす計画を練っている。

●真実のレベルを上げる　社会心理学者のアン・ウィルソン・シェフは、著書 *Women's Reality – An Emerging Female System in a White Male Society* のなかで、「真実のレベル」という考え方を説明している。それによると、ひとつのものごとの理解は、人によってレベルが異なるが、どのレベルにあっても、本人にとってはそれが真実だという。問題は、レベルが上がると往々にして前段階と対立することだ。この観点から反対論者を見ると、あなたの目標は、革

MICROSOFT

MICROSOFT CORPORATION
10700 NORTHUP WAY
BELLEVUE, WASHINGTON 98004
206 828 8080 TLX: 328945

1982年11月30日

ガイ・カワサキ様
4543　ウィリス・アベニュー、203号
シャーマン・オークス、カリフォルニア州　91403

拝啓　カワサキ様

弊社に関心をお持ちいただき、ありがとうございます。履歴書を拝見できて光栄です。

あなたの経歴を、弊社の現在から将来にわたる雇用の需要とつき合わせましたが、現時点であなたの能力を効果的に活かせるポジションはありませんでした。履歴書は半年先まで保管し、もし適当な空きが生じた場合には再度ご連絡して、ご関心の有無を確認させていただきます。

マイクロソフトへのお問い合わせを重ねて感謝し、あなたが幸運な仕事にめぐりあえますよう心からお祈りします。

敬具

Chris Grimes

クリス・グライムズ

CG:kjb

闘いに負けはない——私も結局、ソフトウェア業界に入れたのだから。

命は実現できると納得できるレベルまで彼らを導くこと、となる。

●自分は「結果」で、他者は「意図」で評価する　これによって、あなたの真実のレベルに達していない人を性急に判断しないですむ。たいていの人は、自分を意図で、他者を結果で評価する。つまり、自分の失敗は受け入れ（「意図はよかったのだから」）、他者の失敗は受け入れない（「結果がひどかったのだから」）。

自分でやって切り開く道

あなたのアイデアが盗まれる心配はしなくていい。もしそのアイデアにいいところがあるのなら、無理にでも受け入れさせなければならないのだから。

――ハワード・エイケン（コンピュータ開発の黎明期に貢献した物理学者）

反論や、まぬけな発言や、失敗の預言が出てきたとき、私だったら、いま自分が重大なものをつかんでいるからだと解釈する（ただし、あなたの革命は失敗すると誰かが言えば、かならず成功するというものでもない）。

はっきりしていることはひとつだけだ。

人がなんと言おうと、あなた自身がやってみなければ、結果はわからない。

だから、何があっても悩まないように。神のように創造し、王のように命令し、奴隷のように働くのだ。革命を起こす力がある人は、世界をよりよい場所にするのが使命と心得なければならない。

罠に怯えているより、「まぬけなこと」をやっつけるほうがずっと楽しいし、「まぬけなこと」をやっつけるより、世界をよりよい場所にするほうがずっと楽しい。そうすれば、何よりも重要な教訓を体得することができるだろう――

人生はあなたに、革命家への道を開いてくれる。

革命家のための読み物

● *The Experts Speak – The Definitive Compendium of Authoritative Misinformation*, Christopher Cerf and Victor Navasky, Pantheon Books, 1984, ISBN: 0394713346

● *Inevitable Illusions – How Mistakes of Reason Rule Our Minds*, Massimo Piattelli-Palmarini, John Wiley and Sons, 1996, ISBN: 047115962X

謝辞

成功した著者のうしろには、かならず呆気にとられた著作権エージェントが立っている。

——ガイ・カワサキ

著者のなかには、詩神《ミューズ》の助けを借りて、ひとりでひたすら執筆に励むというイメージがぴったり当てはまる人もいるだろうが、私とはかけ離れている。私には、弱い部分を補強してくれるチームが必要だ。本書を支えてくれたチームを紹介しよう。

ビジョナリー　ビル・ミードとジョン・ミッチェル。このふたりからは、出版史上最高の指導を受けた。もしこの本のなかに読者の気に入らないところがあるとしたら、おそらくそれは私が彼らのことばをきちんと聞いていなかったせいだ。

ベータテスター　ジェフ・バウム、デイブ・ブレイディ、ジュリー・リビングストン、スティーブン・ロング、ラッセル・ロバーツ、チャールズ・シュレイ、ボッビ・シルトン。彼らが読まなければならなかった書き損じ《ドレック》（またの名を草稿《ドラフト》）をお見せしたいほどである。彼らが提案してくれた直しの質の高さがわかるだろう。

情報源　ミッシェル・モレノは夢の調査アシスタントだ。私自身が理解できていないことまで理解して、本当に大ざっぱな考えの本質を探り当て、形にすることができる。スザンヌ・C・アンソニー、ニナ・バークレー、ホリー・カメロータ、スティーブ・グラスコック、ジョディ・グランストン、ローリー・ヒル、クリス・オリアリー（ザ・サイバーダイム・グループ）エイミー・ストゥールバーグ、ケアリー・テューズ、マーク・トマショー、ステファニー・バルダバス、ジョン・ウィノカー、そして本書のために作ったメーリングリストの600名を超えるメンバーも、すばらしい情報を提供してくれた。本書で取り上げた事例の豊かさと深さは、こうした「ゾウのように排泄する」親切な鳥たちの助けによるものだ。

エバンジェリスト　ジャック・コバートとセバスチャン・リッチャー。ミルウォーキーにいる親友のジャックは、ハーパーコリンズ社への道を作ってくれた。セバスチャンはヨーロッパの扉を開いてくれた。ふたりとも、ありがとう。

ハーパーコリンズ社　リサ・バーコウィッツ、エイドリアン・ザッカイム、そしてエイミー・ランボー。私は母から「思いきって信頼してくれる（そして資金を提供してくれる）人には感謝しなさい」と教わってきた。リサ、エイドリアン、ありがとう。ちなみにリサは、私を「恋人《ラブ》」と呼んでなんの咎《とが》めも受けない、ただひとりの人物だ。不完全な私の提出物を受け入れて立派な本に仕上げてくれたジョン・デイ、パトリシア・ウルフ、制作部の人々にも感謝する。

特別参加　この本の命名〔訳注：原書名は直訳すると『革命家のためのルール』〕に知恵を貸してくれたスティーブ・コリック神父にも謝意を表する。彼がいなければ、本書のタイトルは『まぬけと泳いでヘドロまみれにならない方法』とか、『生き残れるのはマニアだけ』になっていたかもしれない。そして最後に、インターナショナル・クリエイティブ・マネジメント（ICM）社のわがエージェント、スローン・ハリス。正直なところ、彼（とICM）が私のような粗忽《そこつ》者と契約したがるとは思ってもみなかったが、おかげで本書を自費出版せずにすんだ。スローン、引きつづき編集者たちの涙を誘ってほしい。彼らを泣かせられれば、私たちは金持ちになる。

原注（いまこそ弱き者たちに「自分は強い！」と言わせよう）

1章

1 「シンク・ディファレント」をラテン語に訳してくれたホリー・カメロータに感謝。

2 この例を教えてくれたアダム・J・ベザークに感謝。

3 Wroe Alderson, *Marketing Behavior and Executive Action* (Homewood, Ill.: Richard D. Irwin, 1957), 388-389. ロー・オルダースン『マーケティング行動と経営者行為』（千倉書房）

4 Ronald Henkoff, "New Management Secrets from Japan – Really," *Fortune*, 27 November 1995, 135.

5 Massimo Piattelli-Palmarini, *Inevitable Illusions: How Mistakes of Reason Rule Our Minds* (New York: John Wiley & Sons, 1994), 57.

6 Alderson, *Marketing Behavior*, 390.　オルダースン、前掲書。

7 Gary Hamel, "Strategy as Revolution," *Harvard Business Review* 74, no. 4 (1996): 72.

8 René Descartes, *Discourse on Method, Optics, Geometry, and Meteorology* (Indianapolis: Bobbs-Merrill, 1965) デカルト『方法序説』。　Wroe Alderson, Marketing Behavior, 387（オルダースン、前掲書）に引用されたもの。

9 1901年9月18日、オハイオ州デイトンの西部エンジニア協会で、ウィルバー・ライトがおこなった発表。

10 この例を教えてくれたダン・スミスに感謝。

11 David H. Freedman, “The Butterfly Solution,” *Discover*, April 1997, 53.

12 このコンセプトを教えてくれたトニー・ジェイコブズに感謝。

13 Tom Wujec, *Five Star Mind* (New York: Doubleday, 1995), 71.　トム・ウージェック『５つ星の脳』(三田出版会)

14 Chris Yurko, “Wrecked Car? Call a Van,” *Daily Hampshire Gazette*, 6 November 1996, 15.

15 個別にこの例を示してくれたケン・ティドウェル、レオン・マエリ、ピーター・ジェンセンに感謝。

16 この例を教えてくれたティモシー・ノックスに感謝。

17 この例を教えてくれたリッチ・ゲイに感謝。

18 W. Chan Kim and Renée Mauborgne, “Value Innovation: The Strategic Logic of High Growth,” *Harvard Business Review* 75, no. 1 (1997): 107.

19 Stan Rapp and Thomas Collins, *Beyond Maximarketing: The New Power of Caring and Daring* (New York: McGraw-Hill, 1994), 38.　S・ラップ、T・コリンズ『マルチメディア時代のマーケティング革命』(ダイヤモンド社)

20 Joel Arthur Barker, *Future Edge Paradigms: The Business of Discovering the Future* (New York: HarperBueiness, 1993), 61.　ジョエル・バーカー『パラダイムの魔力』(日経ＢＰ出版センター)

21 このことばの発案者、ピーター・メングに感謝。

22 Robert Friedel, “The Accidental Inventor,” *Discover*, October 1996.

23 Stephen Jay Gould, “Creating the Creators,” *Discover*, October 1996, 44-45.

2章

1 この例を教えてくれたビル・コーソンに感謝。

2 この例を教えてくれたケン・ティドウェルに感謝。

3 Jim McCarthy, *Dynamics of Software Development* (Redmond, Wash.: Microsoft Press, 1995), 55. ジム・マッカーシー『ソフトウェア開発のダイナミズム』(アスキー)

4 ブラッド・ハッチングズが生み出したことば。

5 Marc H. Meyer and Alvin P. Lehnerd, *The Power of Product Platforms – Building Value and Cost Leadership* (New York: Free Press, 1997), 130.

6 Barbara Martinez, "Inside Job," *Wall Street Journal*, 21 May 1998, R23.

7 Thomas J. Allen, *Managing the Flow of Technology* (Cambridge: MIT Press, 1993), 236-240. トーマス・J・アレン、ゲンター・W・ヘン『知的創造の現場』(ダイヤモンド社)

8 Henry Petroski, *The Evolution of Useful Things* (New York: Vintage Books, 1992), 22. ヘンリー・ペトロスキー『フォークの歯はなぜ四本になったか』(平凡社)

9 John Huey, "Nothing Is Impossible," *Fortune*, 23 September 1991, 134.

10 Alison Rogers, "Iacocca's Minivan," *Fortune*, 30 May 1994, 56.

11 Ibid., 56.

12 Bob Thomas, *Walt Disney: An American Original* (New York: Hyperion, 1994), 11. ロボブ・トマス『ウォルト・ディズニー』(講談社)

13 Charles Panati, *Panati's Extraordinary Origins of Everyday Things* (New York: Harper and Row, 1989), 103. チャールズ・パナティ『物事のはじまりハ?』(フォー・ユー)

14 Paul C. Judge and Stephen Baker, "Were Jim Manzi's Big Ideas Too Big?" *Business Week*, 26 May 1997.

15 Richard S. Tedlow, *New and Improved: The Story of Mass Marketing in America* (New York: Basic Books, 1990), 262-263.　R・S・テドロー『マス・マーケティング史』（ミネルヴァ書房）

16 Daniel A. Wren and Ronald G. Greenwood, *Management Innovators: The People and Ideas That Have Shaped Modern Business* (New York: Oxford University Press, 1998), 59.　D・A・レン、R・G・グリーンウッド『現代ビジネスの革新者たち』（ミネルヴァ書房）

17 Justin Martin, "Ignore Your Customer: At Least That's What Some Smart Companies Like …" Fortune, 1 May 1995, 121.

18 Eileen C. Shapiro, *Fad Surfing in the Boardroom* (Reading, Mass.: Addison-Wesley Publishing, 1996), 129.　アイリーン・C・シャピロ『勇気ある経営』（日経BP社）

19 Ibid., 129.

20 Oliver E. Allen, "Kettering," *Invention and Technology* 12 (Fall 1996), 55.

21 Robert J. Kriegel and David Brandt, *Sacred Cows Make the Best Burgers: Developing Change* (New York: Warner Books, 1996), 38.

22 Christopher Cerf and Victor Navasky, *The Experts Speak – The Definitive Compendium of Authoritative Misinformation* (New York: Pantheon books, 1984), 171.

23 この例を教えてくれたトマス・マッキン医師に感謝。

24 Mark C. Fisherman et al., *Medicine*, 2nd ed. (Philadelphia: J. B. Lippincott, 1985), 9.

25 Kenichi Ohmae, *The Borderless World: Management Lessons in the New Logic of the Global Marketplace* (New York: Harper Perennial, 1991), 33.　大前研一『ボーダレス・ワールド』（新潮社）

26 この例を教えてくれたグレン・グラフトンに感謝。

27 Ira Magaziner and Mark Patinkin, *The Silent War: Inside the Global Business Battles Shaping America's Future*

(New York: Random House, 1989), 23-24（復刻版）　アイラ・マガジナー、マーク・パティンキン『競争力の現実』（ダイヤモンド社）
28 この例はチャールズ・シュリーに感謝。
29 この例はブラッド・ハッチングズに感謝。

3章

1 この偉大な引用文を教えてくれたゲイリー・W・ヘニングに感謝。
2 この偉大な引用文はホリー・アンダーソン・カメロータに感謝。
3 このコンセプトを教えてくれたピーター・ジェンセンに感謝。
4 この情報はアダム・J・ベザークに感謝。
5 David J. Benjack and J. Michael MacKeen, "MTV Networks: MTV," in *New Product Success Stories: Lessons from Leading Innovators* (New York: Wiley, 1995), 288.
6 ポルシェのウェブサイトより。
7 Clarence L. Johnson, *Kelly: More Than My Share of It All* (Washington, D.C.: Smithsonian Institution Press, 1985), 28.
8 この例を教えてくれたロジャー・M・プアに感謝。
9 この例を教えてくれたブレット・A・フォーセットに感謝。
10 Hermann Simon, *Hidden Champions: Lessons from 500 of the World's Best Unknown Companies* (Boston: Harvard Business School Press, 1996), 115.　ハーマン・サイモン『隠れたコンピタンス経営』（トッパン）
11 この例を教えてくれたパトリック・ベリーに感謝。
12 Gould, "Creating the Creators," 52.

13 この例を教えてくれたフレッド・ウェーバーに感謝。

14 Michael Gershman, *Getting It Right the Second Time: How American Ingenuity Transformed Forty-Nine Marketing Failures into Some of Our Most Successful Products* (Reading, Mass.: Addison-Wesley Publishing, 1990), 238.

15 Jagdish N. Sheth, *Winning Back Your Market: The Inside Stories of the Companies That Did It* (New York: John Wiley & Sons, 1985), 129.

16 Jack Canfield et al., *Chicken Soup for the Soul at Work: 101 Stories of Courage, Compassion, and Creativity in the Workplace* (Deerfield Beach, Fla.: Health Communications, 1996), 134.

4章

1 http://www.chasmgroup.com/

2 William Tivenan, *Encyclopedia of Consumer Brands*: "WD-40," p. 574.

3 Richard Whiteley and Diane Hessan, *Customer Centered Growth: Five Proven Strategies for Building Competitive Advantage* (Reading, Mass.: Addison-Wesley Publishing, 1996), 19.

4 Katherine Snow Smith, "Organ Breathes New Life Into Fletcher Music Sales," *Tampa Bay Business Journal* 14, no. 23 (1994): 3.

5 CNET STAFF, "Gates: Why Is Windows So Cheap?" October 3, 1997, 6:55 P.M. PT.

6 James H. Gilmore and B. Joseph Pine II, "The Four Faces of Mass Customization," *Harvard Business Review* 75, no. 1 (1997), 92.

7 James M. Utterback, *Mastering the Dynamics of Innovation* (Bston: Harvard Business School Press, 1994), 61.
J・M・アッターバック『イノベーション・ダイナミクス』(有斐閣)

8 Ibid., 66.

9 この例を教えてくれたデイブ・タウルに感謝。
10 1996年11月、オハイオ州立大学ウェクスナー・センター・フォー・アーツで、ジェフリー・ムーアがおこなった『変化のマネジメント』に関するプレゼンテーション。

5章

1 この例を教えてくれたチャールズ・シュリーに感謝。
2 このコンセプトを教えてくれたジョン・ブラウンに感謝。
3 Panati, *Panati's*, 163-164.
4 Ibid., 102.
5 Ibid., 206-207
6 Gershman, *Getting It Right*, 238.
7 新約聖書ヨハネによる福音書第二〇章二九節

6章

1 本章の執筆を手伝ってくれたジム・ジョーンズに感謝。
2 Andrew Goldsmith, "Here's an Idea That's Not Quite Ripe," *Fast Company*, October-November 1997, 50.
3 David A. Aaker, *Managing Brand Equity – Capitalizing on the Value of a Brand Name* (New York: Free Press, 1991), 225.　デービッド・A・アーカー『ブランド・エクイティ戦略』(ダイヤモンド社)
4 この例を教えてくれたゲイリー・W・ヘニングに感謝。
5 Robert B. Cialdini, *Influence: The Psychology of Persuasion* (New York: William Morrow, 1984), 60-61.　ロバート・B・チャルディーニ『影響力の武器』(誠信書房)

6 Ibid., 61-62.

7 「狩猟許可証」ということばを考え出したのはアル・ライズ。

8 Aaker, *Managing Brand Equity*, 225.

9 Bill Adler Jr. and Julie Houghton, *America's Stupidest Business Decisions* (New York: William Morrow, 1997), 54-55. ビル・アドラー・ジュニア、ジュリー・ハウトン『米国の「経営者」がしでかしたとんでもないヘマ101連発』（毎日新聞社）

10 Ibid., 61-62.

11 Donald W. Hendon, *Classic Failures in Product Marketing: Marketing Principles Violations and How to Avoid Them* (New York: Quorum Books, 1992), 111. ドナルド・W・ヘンドン『失敗からのマーケティング』（同文舘出版）

12 この例を教えてくれたパトリック・M・ジェリティに感謝。

13 Cathy Anterasian, John L. Graham, and R. Bruce Money, "Are U.S. Managers Superstitious About Market Share," *Sloan Management Review* (Summer 1996), 68.

14 新約聖書マタイによる福音書第二五章二九節

15 Barbara W. Tuchman, *The March of Folly: From Troy to Vietnam* (New York: Ballantine Books, 1984), 5. バーバラ・W・タックマン『愚行の世界史』（中央公論新社）

16 Ibid., 7.

7章

1 Robert Sapolsky, "On the Role of Upholstery in Cardiovascular Physiology," *Discover*, November 1997, 58-59, 62, 66.

2 John K. Johansson and Ikujiro Nonaka, *Relentless: The Japanese Way of Marketing* (New York: HarperCollins, 1996), 5.

3 Ibid., 41.

4 Johnson, *More*, 107-108.

5 この例を教えてくれたビル・ミードに感謝。

6 この例を教えてくれたブラッド・ハッチングズに感謝。

7 Dschamps and Nayak, "Product Juggernauts," 80.

8 Don Peppers and Martha Rogers, *The One to One Future: Building Relationships One Customer at a Time* (New York: Doubleday, 1993), 100.　ドン・ペパーズ、マーサ・ロジャーズ『Ｏｎｅ ｔｏ Ｏｎｅマーケティング』(ダイヤモンド社)

9 Cerf and Navasky, *The Experts Speak*, 231.

10 この例を教えてくれたデイル・S・ロジャーズ博士に感謝。

11 Ben R. Rich and Leo Janos, *Skunk Works – A Personal Memoir of My Years at Lckheed* (Boston: Little, Brown, 1994), 138.　ベン・R・リッチ『ステルス戦闘機』(講談社)

12 George Friedman et al., *The Intelligence Edge: How to Profit in the Information Age* (New York: Crown Publishers, 1997), 148-149.に啓発された。

13 Allen, *Managing the Flow*, 43.　(アレン、前掲書)

14 Ibid., 126-127.

15 Ibid., 145-148.

16 この例を教えてくれたロブ・ベアに感謝。

17 この例を教えてくれたレオン・ランガンに感謝。

18 Larry Downes and Chunka Mui, *Unleashing the Killer App – Digital Strategies for Market Dominance* (Boston: Harvard Business School Press, 1998), 205. ラリー・ダウネズ、チュンカ・ムイ『キラーアプリケーション』（トッパン）

8章

1 Alessandra Bianchi, "Hands On CEO's Notebook," *Inc.* March 1998, 98.

2 アラスカで教師をした経験を語ってくれたロス・ランバートに感謝。

3 Robert Hiebler, Thomas Kelly, and Charles Ketteman, *Best Practices: Building Your Business with Customer-Focused Solutions* (New York: Simon & Schuster, 1998), 72. ロバート・ヒーブラー、トマス・ケリー、チャールズ・ケッテマン『ベスト・プラクティス』（ＴＢＳブリタニカ）

4 Ibid., 186.

5 これもアダム・Ｊ・ベザークから聞いた佳話。

6 このすばらしい話はニコラス・バーンスタインから。

7 ジョン・ヘーゲル三世とアーサー・Ｇ・アームストロングに対するオンライン・インタビュー。

9章

1 このぞっとする話を聞かせてくれたクリスティン・トリプニタラに感謝。

2 Tom Peters, *Circle of Innovation: You Can't Shrink Your Way to Greatness* (New York: Alfred A. Knopf, 1997), 127. 『トム・ピーターズの起死回生』（ＴＢＳブリタニカ）

3 この例を教えてくれたデイブ・ボスハードに感謝。

4 この例はショーン・オショーネシーに感謝。

5 Brandenburger and Nalebuff, *Co-opetition*, 61.　アダム・M・ブランデンバーガー、バリー・J・ネイルバフ『コーペティション経営』（日本経済新聞社）

6 Lisa Gubernick, “Granny Care and Kiddie Care,” *Forbes*, 30 December 1996, 74-75.

7 Kathleen Donnelly, “Belly Down,” *San Jose Mercury News*, 16 March 1997, West section, p. 7.　この例はラリー・ローゼンスタインに感謝。

8 この例はマイク・デルに感謝。

9 この例はポール・ウィレムズに感謝。

10 Malcolm Jones Jr., “Air Conditioning,” *Newsweek Extra,* Winter 1997-98, 42-43.

10章

1 Vance Trimble, *Overnight Success: Federal Express and Frederick Smith, Its Renegade Creator* (New York: Crown Publishers, 1993), 80.

2 Cialdini, *Influence,* 222.　（チャルディーニ、前掲書）

3 Ibid., 230-232.

本書は1999年に刊行された *Rules for Revolutionaries*（邦訳『神のごとく創造し、奴隷のごとく働け！』ダイヤモンド社）を新たに翻訳したものです。

この度はお買上げ
誠に有り難うございます。
本書に関するご感想を
メールでお寄せください。
お待ちしております。
info@umitotsuki.co.jp

「革命家《かくめいか》」の仕事術《しごとじゅつ》

2012年8月5日　初版第1刷発行

著者　ガイ・カワサキ
訳者　依田卓巳《よだたくみ》
装幀　重原 隆
編集　藤井久美子
印刷　中央精版印刷株式会社
用紙　中庄株式会社
発行所　有限会社海と月社
〒151-0051
東京都渋谷区千駄ヶ谷2-10-5-203
電話03-6438-9541　FAX03-6438-9542
http://www.umitotsuki.co.jp

ISBN978-4-903212-37-1